职业教育汽车类专业一体化系列教材

汽车发动机电控系统检测与维修一体化教程

主　编　覃雨亮　季京蓉

副主编　罗敏健　莫秋叶

参　编　杨子安　韦梦宁　覃波

机械工业出版社

本书是根据职业院校汽车运用与维修专业人才培养方案和课程标准、国家职业技能标准汽车维修工标准中的技能要求和企业岗位能力要求，结合现代职业教育的特点编写而成。

本书主要内容包括发动机电控系统的总体认识、KT600 诊断仪的使用、主要传感器的检测与更换、ECU 电源电路的检测与维修、主要执行器的检测与维修。

本书可作为职业院校汽车类专业教材，也可以作为职业技能培训用书，还可以作为汽车维修工的学习参考书。

为便于学生自学和教师的教学，本书配有电子课件和练习题。凡选用本书作为授课教材的教师，均可登录 www.cmpedu.com 以教师身份注册免费下载教学资源。咨询电话：010-88379201。

图书在版编目（CIP）数据

汽车发动机电控系统检测与维修一体化教程/覃雨亮，季京蓉主编. —北京：机械工业出版社，2020.8（2024.7 重印）

职业教育汽车类专业一体化系列教材

ISBN 978-7-111-65831-3

Ⅰ.①汽…　Ⅱ.①覃…②季…　Ⅲ.①汽车-发动机-电子系统-控制系统-检修-职业教育-教材　Ⅳ.①U472.43

中国版本图书馆 CIP 数据核字（2020）第 099094 号

机械工业出版社（北京市百万庄大街 22 号　邮政编码 100037）
策划编辑：于志伟　责任编辑：于志伟
责任校对：潘　蕊　封面设计：张　静
责任印制：常天培
北京机工印刷厂有限公司印刷
2024 年 7 月第 1 版第 4 次印刷
184mm×260mm · 10.5 印张 · 259 千字
标准书号：ISBN 978-7-111-65831-3
定价：34.00 元

电话服务
客服电话：010-88361066
010-88379833
010-68326294

网络服务
机 工 官 网：www.cmpbook.com
机 工 官 博：weibo.com/cmp1952
金 书 网：www.golden-book.com
机工教育服务网：www.cmpedu.com

前 言

本书根据职业院校汽车运用与维修专业人才培养方案和课程标准、国家职业技能标准汽车维修工标准中的技能要求和企业岗位能力要求，通过与行业、企业专家一起详细分析汽车发动机电控系统检测与维修实际工作过程，以此梳理并归纳出学习性的工作任务，并将这些典型的学习性工作任务作为学习任务编写了本书。

本书采用理论与实践一体化的编写模式，把相关理论知识的学习和工作任务的实施与工作过程有机结合在一起，并与职业技能标准相对接，突出了学生专业技能和职业能力的培养，体现“以学生为主体，以职业需求为导向”的教育观，具有较强的针对性和实用性。

本书主要具有以下特点：

1）学做结合、形式与结构新颖；

2）任务典型、过程完整、安全与质量并重；

3）理论适用、技能突出、步骤与方法明确；

4）图文并茂、通俗易懂、授课与自学容易等。

参加本书编写的人员有的来自教学一线、有的来自汽车维修行业，他们都具有丰富的教学及实践经验。本书秉承“以职业活动为导向，以能力为本位，以学生为中心”的编写理念，采用“理实一体化”的编写模式，具体框架为：任务描述—学习目标—学习重点—学习难点—知识准备—信息收集—制订计划—实施计划—检查与考评—评价反馈—知识巩固。

本书由覃雨亮、季京蓉担任主编，罗敏健、莫秋叶担任副主编，参与编写的还有杨子安、韦梦宁、覃波。其中，覃雨亮负责编写项目五及全书的统稿，季京蓉负责项目四的编写，罗敏健负责项目三中任务一、二、三的编写，莫秋叶负责项目三中任务四、五、六、八的编写，杨子安负责项目二的编写，韦梦宁负责项目一的编写，覃波负责项目三中任务七的编写。

由于编者水平和经验有限，书中难免有错误和不妥之处，敬请广大读者批评指正，并提出宝贵的意见和建议，以便修订时加以完善。

编 者

目 录

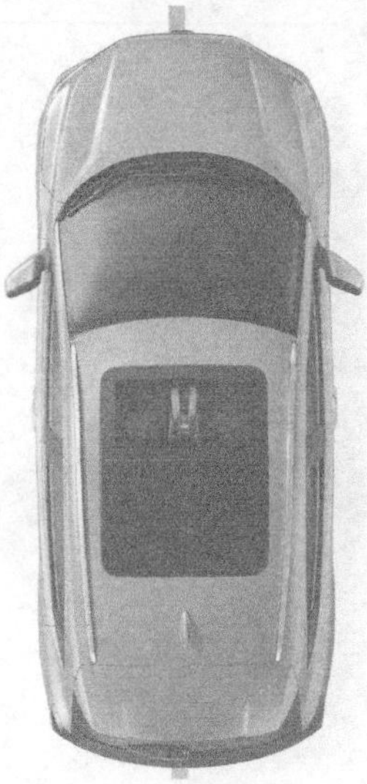

项目一

发动机电控系统的总体认识

发动机电控系统包括空气供给系统、燃油供给系统、电子控制系统、排放控制系统等。通过本项目的学习，让学生能叙述发动机电控系统的总体组成、作用、安装位置和基本检测方法，为后续的发动机电控系统检测与维修奠定良好的理论和实践基础。

【任务描述】

一辆配备 B12 发动机的五菱宏光，由于发动机电控系统产生故障进店维修，现需要我们对发动机电控系统的总体构造进行认识，并且掌握汽车发动机电控系统维修的相关安全知识。

【学习目标】

1. 能叙述发动机电控系统的总体组成；
2. 能叙述发动机电控系统主要元件的作用和安装位置；
3. 能叙述汽车发动机电控系统维修的相关安全知识。

【学习重点】

1. 发动机电控系统主要元件的作用和安装位置；
2. 汽车发动机电控系统维修的相关安全知识。

【学习难点】

汽车发动机电控系统维修的相关安全知识。

【知识准备】

一、发动机电控系统的组成与工作原理

1. 发动机电控系统的组成

发动机电控系统一般由空气供给系统、燃油供给系统、电子控制系统、排放控制系统组成，如图 1-1 所示。

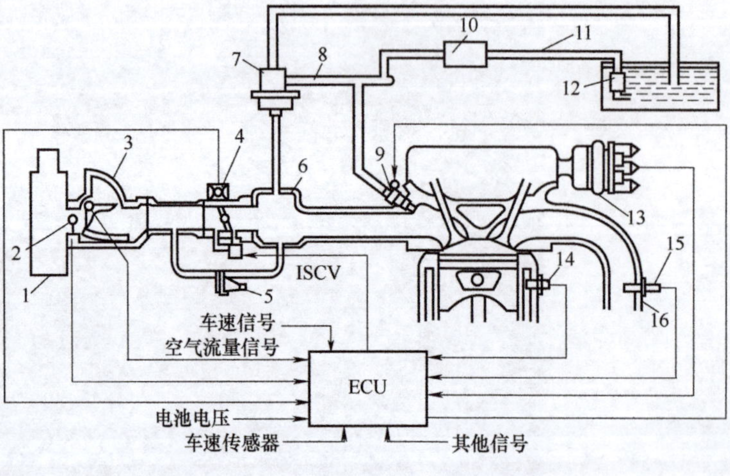

图 1-1 发动机电控系统的基本组成

1—空气滤清器 2—进气温度传感器 3—空气流量传感器 4—节气门位置传感器 5—怠速电磁阀 6—进气总管 7—燃油压力调节器 8—供油总管 9—喷油器 10—汽油滤清器 11—输油管 12—电动汽油泵 13—曲轴位置传感器 14—冷却液温度传感器 15—氧传感器 16—排气管

(1) 空气供给系统的作用和组成　空气供给系统的作用是向发动机提供新鲜、清洁的空气，节气门用于调节进气量，从而控制发动机的功率。

空气供给系统由空气滤清器、进气管道和节气门体等组成，如图 1-2 所示。

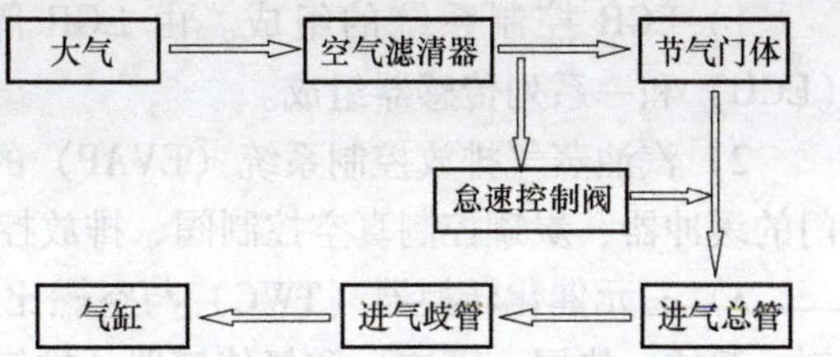

图 1-2　空气供给系统的基本组成

(2) 燃油供给系统的作用和组成　燃油供给系统的作用是向发动机提供与工况相适应的燃料。燃油供给系统由电动汽油泵、燃油滤清器、燃油压力调节器、燃油管路和喷油器等组成，如图 1-3 所示。

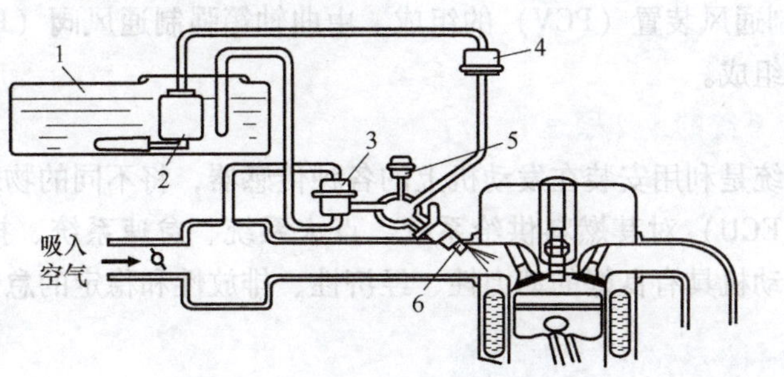

图 1-3　燃油供给系统的基本组成

1—燃油箱　2—电动汽油泵　3—燃油压力调节器　4—燃油滤清器　5—压力缓冲器　6—喷油器

(3) 电子控制系统的组成　电子控制系统由传感器、ECU 和执行器等组成，如图 1-4 所示。

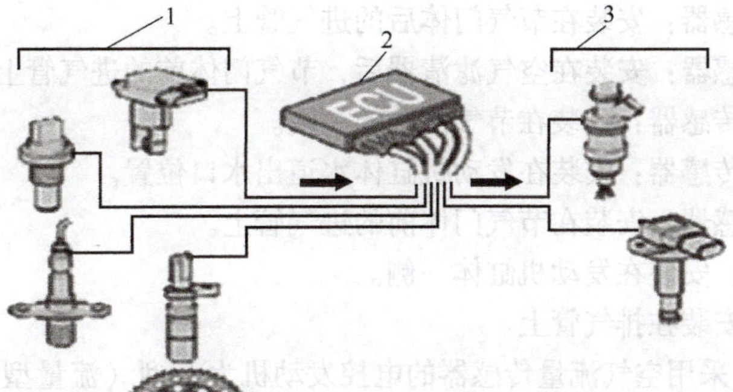

图 1-4　电子控制系统

1—传感器　2—ECU　3—执行器

1）汽车电控发动机一般配有八大传感器：曲轴位置传感器、凸轮轴位置传感器、进气压力传感器（或空气流量传感器）、节气门位置传感器、冷却液温度传感器、进气温度传感器、爆燃传感器和氧传感器。

2）汽车电控发动机的执行器一般有：喷油器、点火器、怠速电磁阀、EGR 阀、电动燃油泵、各种相关继电器（油泵继电器、主控继电器等）。

(4) 排放控制系统的组成　现代汽车上采用了多种排放控制净化措施，一般有废气再循环控制系统（EGR）、汽油蒸气排放控制系统（EVAP）、三元催化转换器（TWC）与空燃比反馈控制系统、二次空气供给系统和曲轴箱强制通风装置（PCV）等。

1）EGR 控制系统的组成。由 EGR 阀、EGR 真空控制阀、EGR 控制电磁阀、微机（ECU）和一系列传感器组成。

2）汽油蒸气排放控制系统（EVAP）的组成。EVAP 控制系统的组成有单向阀、通节气门的缓冲器、炭罐控制真空控制阀、排放控制阀、定量排放孔和活性炭罐等。

3）三元催化转换器（TWC）与空燃比反馈控制系统的组成。由三元催化转换器（催化剂、载体、垫层、壳体）和氧传感器、排气管等组成。

4）二次空气供给系统的组成。由空气滤清器、电子空气泵、二次空气喷射控制阀和三元催化剂等。

5）曲轴箱强制通风装置（PCV）的组成。由曲轴箱强制通风阀（PVC 阀）、通风软管、出气管、进气管等组成。

2. 发动机电控系统的工作原理

发动机电控系统是利用安装在发动机上的各种传感器，将不同的物理量分别转换成电信号，由电控单元（ECU）对其燃料供给系统、点火系统、怠速系统、排放和进气系统等进行集中控制，使发动机具有良好的动力性、经济性、排放性和稳定的怠速性。

二、发动机电控系统的安装位置

1. 各传感器的安装位置

发动机电控系统各个传感器安装位置如图 1-5 所示。

1）曲轴位置传感器：安装在飞轮壳体上。

2）凸轮轴位置传感器：安装在凸轮轴前端或后端。

3）进气压力传感器：安装在节气门体后的进气管上。

4）空气流量传感器：安装在空气滤清器后，节气门体前的进气管上。

5）节气门位置传感器：安装在节气门轴的一端。

6）冷却液温度传感器：安装在发动机缸体水道出水口位置。

7）进气温度传感器：安装在节气门体前的进气管上。

8）爆燃传感器：安装在发动机缸体一侧。

9）氧传感器：安装在排气管上。

需要说明的是：采用空气流量传感器的电控发动机为 L 型（流量型），采用进气压力传感器的电控发动机为 D 型（压力型）。

2. 各执行器的安装位置

发动机电控系统各执行器的安装位置如图 1-5 所示。

1）喷油器：安装在各缸进气门前的进气道上，喷嘴正对进气门。

2）点火器：安装位置灵活，既可以安装在发动机上，也可以安装在发动机舱某一独立位置上，还可以与点火线圈制成一体。

3）怠速电磁阀：安装在节气门体的旁通气道上。

4）EGR 电磁阀：安装在发动机排气管与进气管之间专设的气道上。

5）电动燃油泵：安装在燃油箱内。

6）各种继电器包括油泵继电器、主控继电器等：一般安装在发动机舱或驾驶室仪表板下方的配电盒内。

ECU（或是ECM）一般安装在发动机舱内或驾驶室仪表板下方。

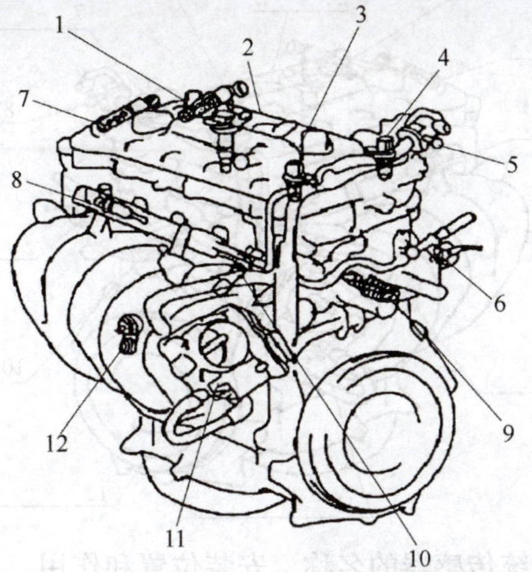

图1-5　丰田卡罗拉（1ZR-FE）发动机电控系统传感器和执行器的位置

1—凸轮轴正时机油控制阀总成（排气凸轮）　2—带电火器的点火线圈　3—凸轮轴位置传感器（进气凸轮）
4—凸轮轴位置传感器（排气凸轮）　5—占空比控制型真空开关阀　6—加热型氧传感器
7—凸轮轴正时机油控制阀总成（进气凸轮）　8—喷油器　9—冷却液温度传感器
10—曲轴位置传感器　11—电子节气门　12—爆燃传感器

三、汽车发动机电控系统维修的相关安全知识

1）工作时，必须穿着工作服，必要时戴安全帽。

2）注意工作环境的安全，工作场地应保持整洁无油污，物品摆放整齐。

3）注意汽油、蓄电池、各种溶剂等易燃易爆物品的管理，保持场地通风，不得携带明火。

4）各工位应配备有充足的灭火器材，所有人员必须学会正确使用。

5）注意用电安全，切勿触摸裸露电线，操作结束时切记关闭电源开关。

6）检测电控系统时，只能用数字万用表检测，不能使用指针万用表测量。

7）蓄电池的正负极绝对不能接反。

8）操作电控系统时，不能带电切断或接通任何导线。

9）使用试灯进行操作时，试灯的阻值不能过低。

10）拆卸油管时，应首先进行泄压。

11）避免ECU及传感器受到高压、高温、强磁、潮湿的影响。

【信息收集】

一、我们的学习任务是什么？

二、在下图相应位置标出发动机电控系统的元件名称。

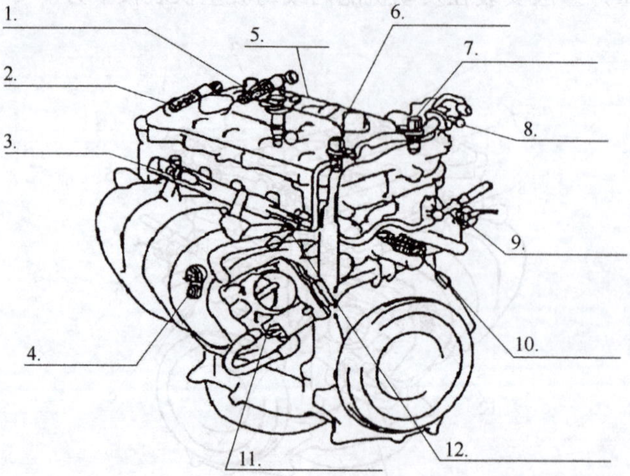

三、写出发动机电控系统传感器的名称、安装位置和作用。

序号	传感器名称	传感器安装位置	传感器作用
1			
2			
3			
4			
5			
6			
7			
8			

四、写出发动机电控系统执行器的名称、安装位置和作用。

序号	执行器名称	执行器安装位置	执行器作用
1			
2			
3			
4			
5			
6			

五、写出汽车发动机电控系统维修相关安全知识。

【制订计划】

一、写出电控发动机由几个系统组成，每个系统的组成有哪些？

二、认识发动机总体构造，需要用到下列选项中哪些物品或用具（在对应的选项中打√即可）。

工量具名称	选　择	
发动机台架总成	□可能	□不可能
测试灯	□可能	□不可能
尖嘴钳	□可能	□不可能
十字螺钉旋具	□可能	□不可能
一字螺钉旋具	□可能	□不可能
手电筒	□可能	□不可能
其他（请填写具体名称）		

三、要完成本工作任务，你认为下表中哪些事项是必须要遵守的？请在相应的位置打√。

注 意 事 项	选　择	
工量具整齐摆放不搁地	□是	□否
"零件、油、水"不落地	□是	□否
设备摆放整齐、牢固	□是	□否
万用表校零	□是	□否
及时记录维修工作数据	□是	□否
维修工作完成后需要进行工作现场"6S"管理	□是	□否
其他		

四、任务分工，请在任务分工表中填写相应职责人员的姓名。

任务分工表

序　号	组　长	记 录 员	操 作 员	备　注
1				
2				
3				
4				

【实施计划】

一、在实车上找到发动机电控系统的传感器，并分别口述它们的安装位置和作用，评分员做好评分。

二、在实车上找到发动机电控系统的所有执行器，并分别口述它们的安装位置和作用，评分员做好评分。

三、口述汽车发动机电控系统维修相关安全知识，评分员做好评分。

【检查与考评】

观察员根据操作员的工作过程评分，具体评分细则见下表。

发动机电控系统总体构造认识操作考评表

考核项目	配分	考核内容	考核标准	得分
1. 准备工作	10	铺好“三件套”	正确铺好“三件套”，不按要求做好，扣2分，未铺“三件套”扣5分	
	10	铺好发动机舱防护罩	正确铺好发动机舱防护罩，未按要求做好扣2分，未铺好防护罩扣5分	
2. 传感器	10	口述传感器名称，找出传感器位置	口述传感器名称、查找传感器位置要准确，每错误一个传感器扣2分	

（续）

考 核 项 目	配分	考 核 内 容	考 核 标 准	得分
3. 执行器	10	口述执行器名称，找出执行器位置	口述执行器名称、查找执行器位置要准确，每错误一个执行器扣2分	
4. 空气供给系统	10	口述空气供给系统的组成，指出零部件位置	口述空气供给系统组成要准确，指出零部件安装位置要正确，每错误一处扣2分	
5. 燃油供给系统	10	口述燃油系统的组成，指出零部件的安装位置	口述燃油系统组成要正确，指出零部件安装位置要正确，每错误一处扣2分	
6. 电子控制系统	10	口述电子控制系统的组成，指出零部件的安装位置	口述电子控制系统的组成要正确，指出零部件安装位置要正确，每错误一处扣2分	
7. 排放控制系统	10	口述排放控制系统的组成，指出零部件的安装位置	口述排放系统的组成要正确，指出零部件安装位置要正确，每错误一处扣2分	
8. 安全文明生产	10	违反安全文明生产规程扣10分，若造成人身和设备安全事故的本次成绩计0分		
9. 职业素养	10	1）学习态度：积极主动参与学习 2）团队合作：与小组成员一起分工合作，不影响学习进度 3）现场管理：服从工位安排、执行实训室管理规定 以上不足之处酌情扣3～10分		
考核时间：	年　月　日　时　分 —— 　时　分		实际用时：	
考核定额时间40min	每超时5min扣10分			
总分				

【评价反馈】

一、自我评价：

我做得好的地方	我还存在这些方面的问题
☐测量部位准确	☐动作不到位
☐工具使用规范	☐工具使用不规范
☐拆装步骤熟悉	☐拆装步骤不熟悉
☐检测步骤熟悉	☐检测步骤不熟悉
☐零件摆放整齐	☐工具摆放不整齐
☐操作用时合理	☐操作用时过长
☐工作态度端正	☐工作态度不够端正

二、小组评价：

我们组做到了：□全员参与　　□分工明确

□工作高效　　□完成了工作任务

三、教师评价：

评价内容	评价指标	星级评定（在相应的等级打√）
1. 活动态度方面	1）态度是否积极，是否主动组织或参与活动 2）与小组同学合作是否良好 3）活动是否认真、善始善终 4）是否勇于克服困难	□一级：☆☆☆☆☆ □二级：☆☆☆☆ □三级：☆☆☆ □四级：☆☆
2. 知识技能方面	1）查阅资料技能 2）实地观察记录能力 3）调查研究能力 4）整理材料能力	□一级：☆☆☆☆☆ □二级：☆☆☆☆ □三级：☆☆☆ □四级：☆☆

【知识巩固】

一、填空题

1. 发动机电控系统由____________、____________、____________、____________组成。

2. 空气供给系统由____________、____________、____________组成。

3. 燃油供给系统由____________、____________、____________、____________组成。

4. 电子控制系统由____________、____________、____________组成。

5. 发动机排放控制系统由____________、____________、____________、____________、____________等组成。

二、选择题

1. 电动燃油泵的位置一般在（　　）。

A. 发动机舱内　　B. 驾驶室仪表板下

C. 燃油箱内　　D. 空气滤清器上

2. 怠速电磁阀的位置一般在（　　）。

A. 节气门体的旁通气道上　　B. 驾驶室仪表板下

C. 燃油箱内　　D. 空气滤清器上

3. 在发动机电控系统中，（　　）相当于“情报员”。

A. ECU　　B. 传感器　　C. 执行器　　D. 空气滤清器

4. 在发动机电控系统中，（　　）相当于“司令部”。

A. ECU　　B. 传感器　　C. 执行器　　D. 空气滤清器

5. 冷却液温度传感器安装在（　　）位置。

A. 发动机循环水道出水口　　B. 散热器上水口

C. 水泵　　D. 发动机

6. 凸轮轴位置传感器安装在（　　）位置。

A. 凸轮轴前端或后端　　B. 凸轮前端

C. 凸轮后端　　D. 变速器壳体上

三、判断题

（　　）1. 传感器相当于人的眼睛、耳朵、鼻子，用于收集发动机的运转信息。

（　　）2. 执行器相当于人的手臂与腿脚，用于执行“司令部”的决策。

（　　）3. ECU 相当于人的大脑，用于接收、处理传感器送来的各种信息，并做出决定，向执行器发出工作指令，控制执行器的工作。

（　　）4. 采用空气流量传感器的电控发动机称为 D 型（压力型）电控发动机。

（　　）5. 采用进气压力传感器的电控发动机称为 L 型（流量型）电控发动机。

（　　）6. 曲轴位置传感器一般安装在曲轴前端、带轮后，或曲轴后端、飞轮前。

（　　）7. 凸轮轴位置传感器一般安装在凸轮轴前端或后端。

（　　）8. 空气流量传感器一般安装在空气滤清器前或节气门后的进气管中。

（　　）9. 冷却液温度传感器一般安装在缸体或缸盖水道上。

（　　）10. 爆燃传感器一般安装在缸体一侧或缸盖表面。

（　　）11. 喷油器一般安装在各缸进气门前的进气道上，喷嘴正对进气门。

（　　）12. 点火器的安装位置比较灵活，可以在发动机舱内某位置独立安装，也可以在发动机机体上安装，甚至与点火线圈制成一体。

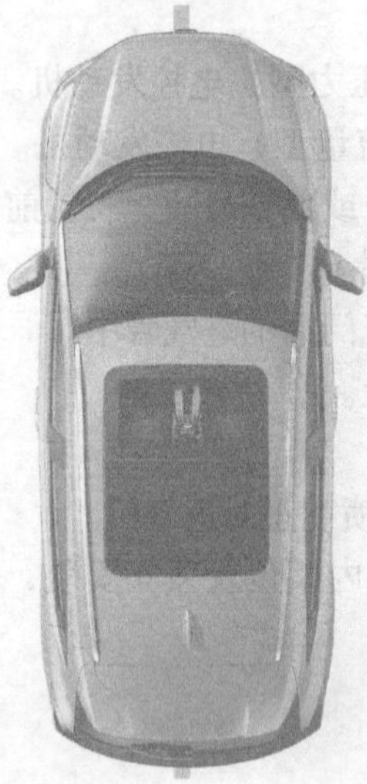

项目二

KT600 诊断仪的使用

汽车诊断仪是汽车故障诊断的重要仪器，本项目主要是学习汽车诊断仪故障码的读取和清除、数据流的读取等。通过本项目的学习，学生要能熟练使用诊断仪，为后续进行汽车发动机故障诊断时正确使用诊断仪奠定良好的理论和实践基础。

【任务描述】

一辆五菱宏光汽车在行驶过程中出现发动机故障指示灯点亮的现象，经过初步检查没找出故障原因，现需要利用 KT600 诊断仪进行故障诊断。本项目的任务就是学习 KT600 诊断仪的使用方法。

【学习目标】

1. 能正确使用 KT600 诊断仪读取故障码和清除故障码；
2. 能正确使用 KT600 诊断仪读取数据流；
3. 能正确使用 KT600 诊断仪的“动作测试”功能；
4. 能正确使用 KT600 诊断仪的“示波器”功能；
5. 能正确使用 KT600 诊断仪的“英汉词典”功能；
6. 会填写工作页，记录检修结果。

【学习重点】

1. 能正确使用 KT600 诊断仪读取故障码和清除故障码；
2. 能正确使用 KT600 诊断仪读取数据流；
3. 能正确使用 KT600 诊断仪的“动作测试”功能。

【学习难点】

1. 能正确使用 KT600 诊断仪读取数据流；
2. 能正确使用 KT600 诊断仪的“动作测试”功能。

【知识准备】

一、汽车故障诊断仪概述

汽车故障诊断仪是用于检测汽车故障的便携式智能汽车故障自检仪，俗称为汽车解码器。维修人员可以利用它迅速读取汽车电控系统中的故障，并通过液晶显示屏显示故障信息，迅速查明发生故障的部位及原因。当电子控制系统中的某一电路超出信号范围时，该电路及相关的传感器反映的故障信息，以故障码的形式存储到 ECU 内部的存储器中，维修人员可利用该诊断仪读取故障码，使其显示出来。

1. 汽车故障诊断仪的功能

汽车故障诊断仪一般具有以下几项或全部的功能：

1）读取故障码；

2）清除故障码；

3）读取动态数据流；

4）示波功能；

5）元件动作测试；

6）匹配、设定和编码等功能；

7）英汉辞典、计算器及其他辅助功能。

KT600 诊断仪具有以上全部的功能。

2. 汽车故障诊断仪的类型

汽车故障诊断仪一般分为 3 种类型：

1）专用型。一般 4S 店内使用的，针对某一特定厂家开发的诊断仪；

2）通用型。检测常见车型的电控系统；

3）单系统专用型。检测常见车型中某一种或几种电控单元（ECU）。

3. 汽车故障诊断仪的操作步骤

汽车故障诊断仪操作步骤一般有以下几步：

1）在车上找到诊断座；

2）选用相应的诊断接口；

3）根据车型，进入相应诊断系统；

4）读取故障码；

5）查看数据流；

6）诊断维修之后清除故障码。

二、KT600 诊断仪的结构

KT600 诊断仪的结构如图 2-1 ~ 图 2-4 所示。

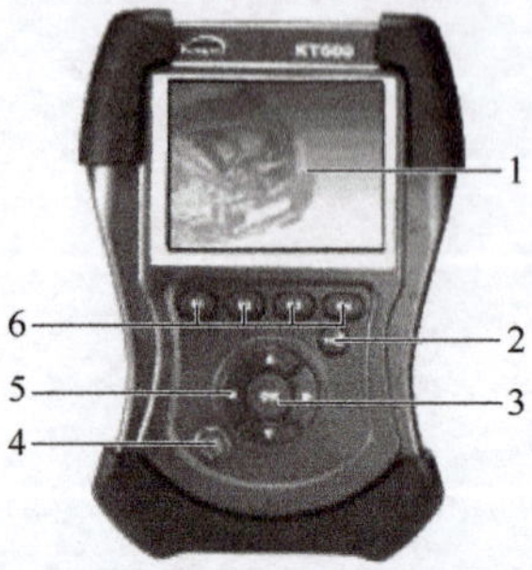

图 2-1 KT600 正面视图

1—触摸显示屏 2—返回键 3—确认按钮 4—电源开关 5—方向选择键 6—多功能辅助键

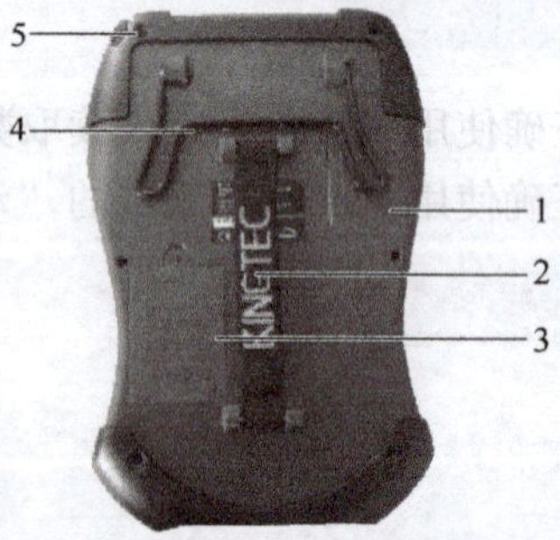

图 2-2 KT600 背面视图

1—打印机 2—保护带 3—电池 4—支架 5—触摸笔

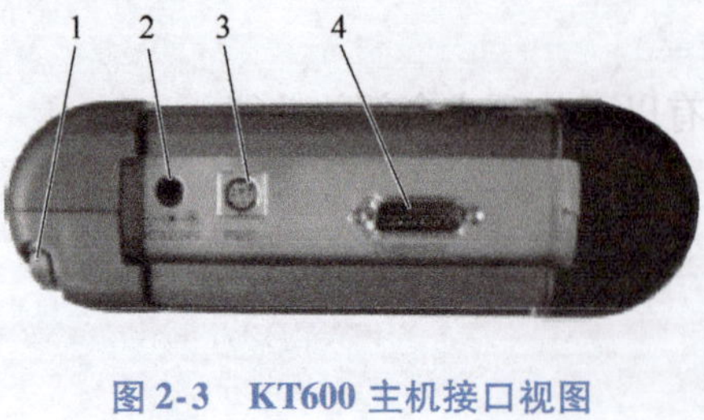

图 2-3 KT600 主机接口视图

1—触摸笔 2—主机供电端口 3—PS/2（内含标准 RS232 串口及 5V 电源输出） 4—诊断测试端口

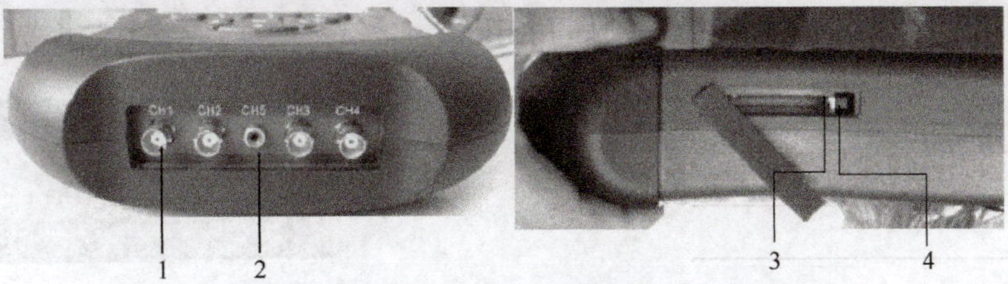

图 2-4　KT600 主机下接口视图和右侧视图

1—示波通道 1　2—触发通道　3—CF 卡　4—CF 卡座推杆

【信息收集】

一、现场感受任务描述中的情景，把观察到的现象用几个关键词写出来。

____

____

____

二、明确工作任务，收集信息。

1. 我们的学习任务是什么？

____

____

____

2. 描述 KT600 的基本功能

____

____

____

3. 根据相关知识，在下图相应位置标出 KT600 的结构名称。

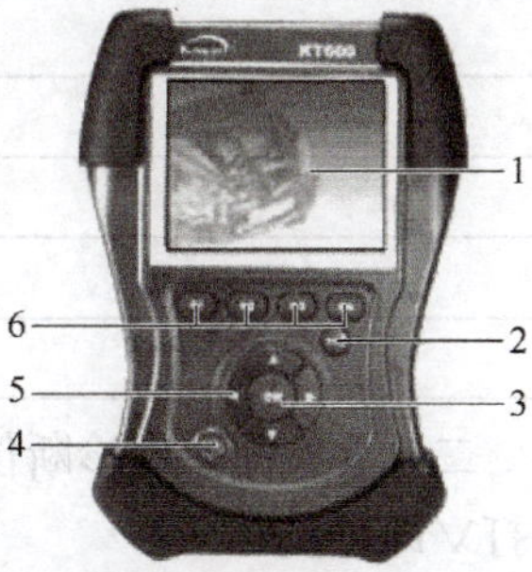

1）按图示序号标识 KT600 主机正面各按钮的功能名称。

1 ______________

2 ______________

3 ______________

4 ______________

5 ______________

6 ______________

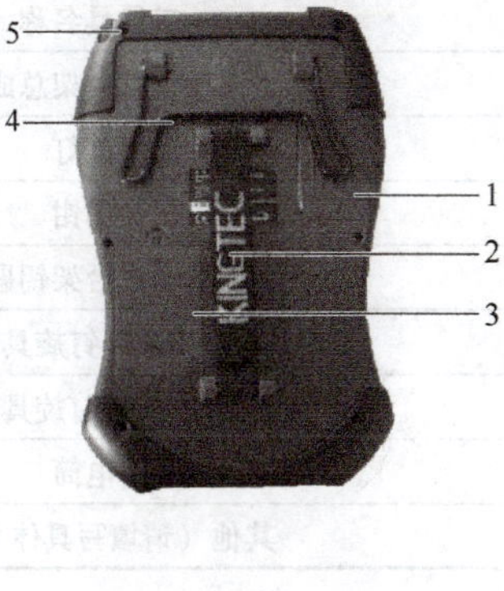

2）按图示序号标识 KT600 主机背面各按钮的功能名称。

1 ______________

2 ______________

3 ______________

4 ______________

5 ______________

3）按图示序号标识 KT600 主机上接口各按钮的功能名称。

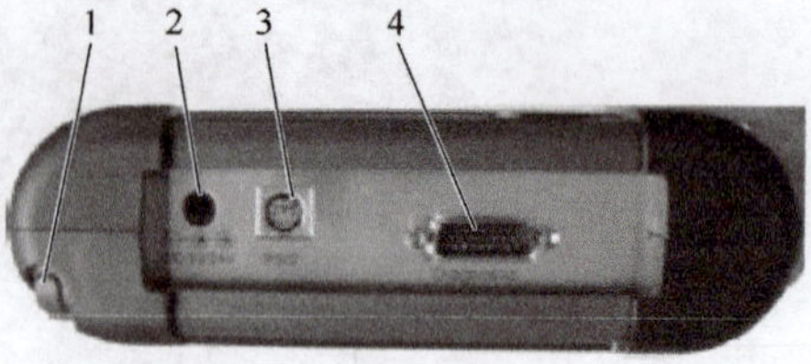

1 ______________________

2 ______________________

3 ______________________

4 ______________________

4）按图示序号标识 KT600 主机上各按钮的功能名称。

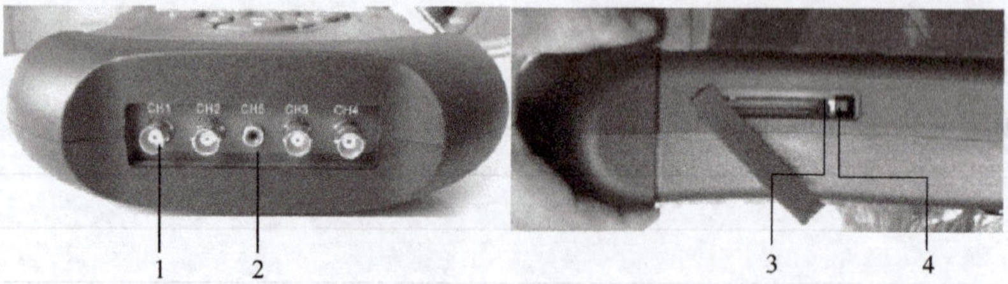

1 ____

2 ____

3 ____

4 ____

【制订计划】

一、根据 KT600 诊断仪的基本功能，制订如何使用诊断仪的实施计划。

____

____

____

____

____

____

____

二、要实施使用诊断仪的计划，需要用到下列选项中哪些物品或用具（在对应的选项中打√即可）。

工量具名称	选　择	
发动机台架总成	□可能	□不可能
测试灯	□可能	□不可能
尖嘴钳	□可能	□不可能
发动机台架钥匙	□可能	□不可能
十字螺钉旋具	□可能	□不可能
一字螺钉旋具	□可能	□不可能
手电筒	□可能	□不可能
其他（请填写具体名称）		

三、要完成本工作任务，你认为下表中哪些事项是必须要遵守的？请在相应的位置打√。

注意事项	选择	
工量具整齐摆放不搁地	□是	□否
“零件、油、水”不落地	□是	□否
设备摆放整齐、牢固	□是	□否
万用表校零	□是	□否
及时记录维修工作数据	□是	□否
维修工作完成后需要进行工作现场“6S”管理	□是	□否
其他		

四、任务分工，请在任务分工表中填写相应职责人员的姓名。

任务分工表

序号	组长	记录员	操作员	备注
1				
2				
3				
4				

【实施计划】

一、通过启动仪器→选择模式→选择汽车诊断任务→选择车系和车型→选择功能→选择系统步骤后，读取汽车电脑版本号。

本汽车电脑版本号为：______________________。

二、选择读取当前码功能，读取故障码。

此处显示的故障码可能是实码，但也有可能为虚码，因此识别读到的故障码，了解其性质，对排除故障有很大的帮助。

故障码 1：______________________

故障名称 1：______________________

故障码 2：______________________

故障名称 2：______________________

故障码 3：______________________

故障名称 3：______________________

故障码 4：______________________

故障名称 4：______________________

三、选择清除故障码功能，再次选择读取故障码功能。

故障码 1：______________________

故障名称 1：______________________

故障码 2：______________________

故障名称 2：______________________________

故障码 3：______________________________

故障名称 3：______________________________

四、读取动态数据流。相关数据流组选择完毕后，点击按钮 OK，KT600 即执行数据流读取功能。如果数据流读取成功，屏幕将显示读取结果。将实时数据填入下表。

静态实时数据一览表

名　称	数　据	名　称	数　据

五、返回 KT600 主界面，选择示波仪分析功能→选择万用表功能。

1. 检测参考电压。

实测值：______________________________

是否符合标准：______________________________

处理意见：______________________________

2. 检测电源电压。

实测值：______________________________

是否符合标准：______________________________

处理意见：______________________________

3. 检测搭铁线。

实测值：______________________________

是否符合标准：______________________________

处理意见：______________________________

六、将界面切换到示波器，读取波形。

1. 实测波形。

2. 标准波形：

使用 KT600 诊断仪维修帮助功能或查找相关资料，找出标准波形。

七、起动发动机，请用 KT600 诊断仪对喷油和点火进行动作测试，并把测试结果写下来。

【检查与考评】

观察员根据操作员的工作过程评分，具体评分细则见下表。

诊断仪使用操作考评表

序号	项　目	考 核 内 容	配分	扣分	得分
1	仪容仪表	着装、表情态度	5		
2	学习态度	学习准备、课堂参与度	10		
3	6S 规程	遵守安全操作规程，工量具仪器不落地，物品摆放整齐	10		
4	检测方案	方案正确、实用、有效	15		
5	使用方法	方法正确得当、测量数据准确	25		
6	测量结果	测量结果准确无误	25		
7	安全生产	无人身和设备安全事故发生	10		
		总分	100		
评分人：		日期：　年　月　日			

【评价反馈】

一、自我评价：

我做得好的地方	我还存在这些方面的问题
□测量部位准确	□动作不到位
□工具使用规范	□工具使用不规范
□拆装步骤熟悉	□拆装步骤不熟悉
□检测步骤熟悉	□检测步骤不熟悉
□零件摆放整齐	□工具摆放不整齐
□操作用时合理	□操作用时过长
□工作态度端正	□工作态度不够端正

二、小组评价：

我们组做到了：□全员参与　　□分工明确

□工作高效　　□完成了工作任务

三、教师评价：

评价内容	评价指标	星级评定（在相应的等级打√）
1. 活动态度方面	1）态度是否积极，是否主动组织或参与活动 2）与小组同学合作是否良好 3）活动是否认真、善始善终 4）是否勇于克服困难	□一级：☆☆☆☆☆ □二级：☆☆☆☆ □三级：☆☆☆ □四级：☆☆
2. 知识技能方面	1）查阅资料技能 2）实地观察记录能力 3）调查研究能力 4）整理材料能力	□一级：☆☆☆☆☆ □二级：☆☆☆☆ □三级：☆☆☆ □四级：☆☆

【知识巩固】

一、使用 KT600 英汉词典功能，查询以下英语所代表的含义：

1. relay ________________________

2. lamp ________________________

3. horn ________________________

4. fuse ________________________

二、选择题

1. 下列选项中，不属于 KT600 的系统设置功能选项的是（　　）。

A. 用户信息　　B. 亮度调节　　C. 触摸屏较正　　D. 汽车英汉词典

2. 下列选项中，属于 KT600 的辅助功能选项的是（　　）。

A. 汽车诊断　　B. 诊断盒自检

C. 计算器　　D. 系统信息

3. 下列选项中，不属于 KT600 帮助功能的是（　　）。

A. KT 系列注册升级指导　　B. 音响解码

C. 演示教程　　D. 汽车音汉词典

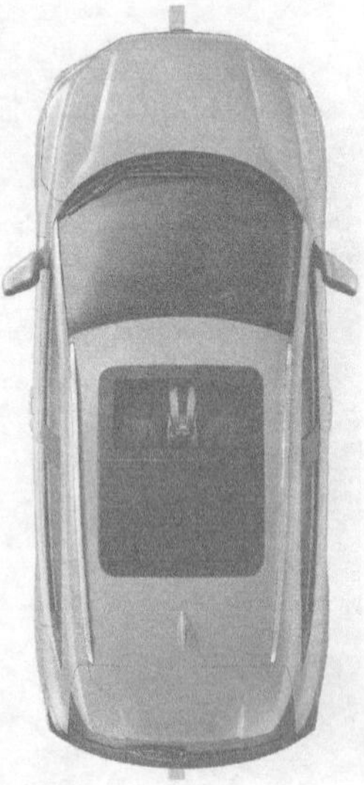

项目三

主要传感器的检测与更换

本项目主要学习汽车发动机传感器的检测与更换，目的是让学生深入学习发动机传感器的结构、作用、工作原理和检测方法。通过本项目的学习，学生应能根据电路图分析传感器的故障原因，并且正确检测传感器故障，直至修复。

本项目包括以下学习任务：

任务一　进气温度传感器的检测与更换

任务二　进气压力传感器的检测与更换

任务三　节气门位置传感器的检测与更换

任务四　曲轴位置传感器的检测与更换

任务五　凸轮轴位置传感器的检测与更换

任务六　冷却液温度传感器的检测与更换

任务七　氧传感器的检测与更换

任务八　爆燃传感器的检测与更换

任务一 进气温度传感器的检测与更换

【任务描述】

黄先生驾驶的五菱宏光汽车，在行驶了 66816km 后，出现故障指示灯常亮，用诊断仪读取故障码为 P0113，内容为进气温度传感器对电源短路或线路断路故障。现在，我们的工作任务是对这辆车的进气温度传感器故障进行诊断与排除。

【学习目标】

1. 能准确叙述进气温度传感器的作用，并在台架上找出进气温度传感器的安装位置；
2. 能叙述进气温度传感器的基本构造和工作原理；
3. 能绘制进气温度传感器控制电路图；
4. 能借助电路图分析进气温度传感器的故障；
5. 会诊断进气温度传感器及其相关线路故障；
6. 会填写工作页，记录检修结果。

【学习重点】

1. 绘制进气温度传感器控制电路图；
2. 借助电路图分析进气温度传感器的故障；
3. 制订进气温度传感器的检修流程。

【学习难点】

借助电路图对进气温度传感器故障进行诊断与排除。

【知识准备】

一、进气温度传感器概述

进气温度传感器的作用是测定进气温度，使 ECM 能够计算出真实的进气量，进而修正基本喷油量。安装在发动机进气总管上。

进气温度传感器电路包含 ECU、进气温度传感器及相关线路等，其控制电路图如图 3-1 所示。

进气温度传感器共包含 2 个端子，1 端子是进气温度传感器信号地，接入 ECU 端子 A13；2 端子是传感器温度信号，接入 ECU 端子 B78。进气温度传感器的接线端子如图 3-2 所示。

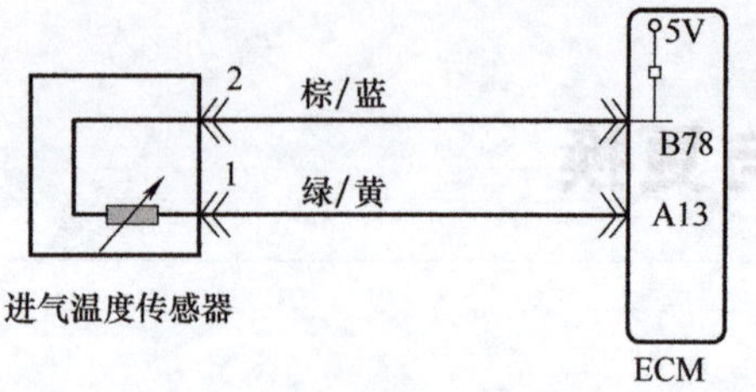

图 3-1　进气温度传感器电路图

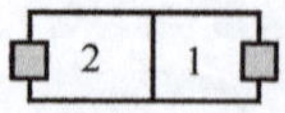

图 3-2　进气温度传感器的接线端子

进气温度传感器内的感温元件为负温度系数热敏电阻，温度越高，电阻值越小；反之，温度越低，电阻值越高。ECM 根据进气温度信号，对基本喷油进行修正。

检测方法有电阻法和电压法两种：

1）电阻法：用万用表检测进气温度传感器在不同温度下的阻值，其温度与阻值的关系应符合规定。

2）电压法：用万用表直流电压档测量传感器的输出电压，此电压应随温度的升高而降低。

二、进气温度传感器电路的检测分析

序号	检 测 内 容	检 测 方 法	检 测 图 示
1	电压检测	拔下进气温度传感器的接插件，置点火开关 ON 位，测量 2 端子对地电压应为 5.0V 左右的参考电压	
2	信号检测	装回进气温度传感器接插件，测量 1、2 端子之间的电压，应在 0.3 ~4.8V 范围内	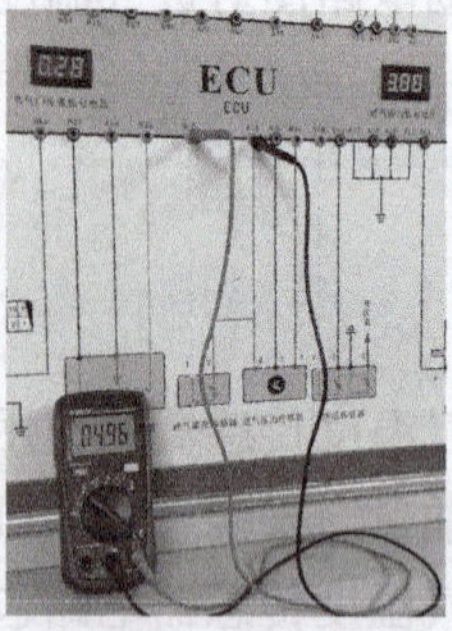

（续）

序号	检测内容	检测方法	检测图示
3	电阻检测	测量进气温度传感器的电阻，在 20 ~ 30℃的常温下，其阻值为 1700 ~ 2500Ω	

三、进气温度传感器故障的可能原因

进气温度传感器具体的故障形式是信号电压没有随着进气温度的变化而变化，或电压信号不在正常范围内，故障的可能原因有：

1）进气温度传感器故障；

2）进气信号线 2 端子无电；

① 进气温度传感器 2 端子至 ECU 的 B78 之间的线路断路或搭铁；

② ECU 损坏。

3）搭铁线故障。

进气温度传感器 1 端子至 ECU 的 A13 之间的线路断路。

【信息收集】

一、现场感受任务描述中的情景，把观察到的现象用几个关键词写出来。

二、明确工作任务，收集信息。

1. 我们的学习任务是什么？进气温度传感器的作用是什么？

1）学习任务：

2）进气温度传感器的作用：

2. 为顺利完成本学习任务，按要求完成下列信息的收集。

1）绘制进气温度传感器控制电路图，分析进气温度传感器的控制原理。

① 进气温度传感器控制电路图：

② 进气温度传感器的控制原理分析

2）写出进气温度传感器的检测方法。

3. 对照自己所绘制的进气温度传感器控制电路图，在车辆上找到相对应元件或线路的具体位置，并完成下列填空。

1）进气温度传感器：安装在______________，有______个接线端子，分别是______端和______端。

2）进气温度传感器信号电源的 2 端子连接到 ECU 的______端子，线的颜色是______。

3）进气温度传感器搭铁 1 端子连接到 ECU 的______端子，线的颜色是______。

4. 结合下列引导性的步骤，完成进气温度传感器控制电路的检测。

1）观察进气温度传感器的接线端子，画出端子的外形图，并且标注端子的代号。

绘制进气温度传感器端子图

2）进气温度传感器电源线的检测：

点火开关置于 OFF 档位置，拔下进气温度传感器插头，把万用表功能量程旋钮调到______档，点火开关置于 ON 档位置，万用表黑表笔接搭铁，红表笔测量进气温度传感器插头的 2 端子，此时万用表的读数为______，标准应为 5.0V 参考电压。

3）进气温度传感器搭铁线的检测：

点火开关置于 OFF 档位置。拔下进气温度传感器插头，把万用表功能量程旋钮调到______档，万用表黑表笔接搭铁，红表笔测量进气温度传感器插头的 1 端子，此时万用表显示的电阻值应接近于 0Ω，实际显示电阻值为______Ω。如果此时万用表测量的电阻值不符合规定值，应进一步检测传感器的搭铁线通断情况。

4）进气温度传感器信号电压的检测：

引出进气温度传感器 1、2 号端子，把万用表功能量程旋钮调到______档，红黑表笔分别接触引出端子的 2 和 1，打开点火开关，万用表显示信号电压为______V，用热风枪加热进气温度传感器，其信号电压应随温度升高而______。

5）测量进气温度传感器的电阻值：

拔下进气温度传感器插头，把万用表功能量端子程旋钮调到______档，两表笔分别接触进气温度传感器的 1 和 2 端子，万用表显示电阻值为______Ω，20 ~ 30℃的常温下，标准电阻值约为______Ω。用热风枪加热进气温度传感器，其电阻应随温度的升高而__________。

【制订计划】

一、根据进气温度传感器控制电路图，列举进气温度传感器对电源短路或线路断路故障的可能原因。

____

____

____

____

____

二、以小组讨论的方式，制订合理的进气温度传感器对电源短路或线路断路故障的检修计划。

①

②

③

…

三、在下表中选择在检修中可能用到的工量具（在对应的选项中打√即可）。

工量具名称	选 择	
万用表	□可能	□不可能
测试灯	□可能	□不可能

（续）

工量具名称	选　择	
尖嘴钳	□可能	□不可能
跨接线	□可能	□不可能
十字螺钉旋具	□可能	□不可能
一字螺钉旋具	□可能	□不可能
手电筒	□可能	□不可能
其他（请填写具体名称）		

四、要完成本工作任务，你认为下表中哪些事项是必须要遵守的？请在□打√。

注意事项	选　择	
工量具整齐摆放不搁地	□是	□否
“零件、油、水”不落地	□是	□否
跨接线测试时，谨防短路现象	□是	□否
万用表校零	□是	□否
及时记录维修工作数据	□是	□否
维修工作完成后需要进行工作现场“6S”管理	□是	□否
其他		

五、任务分工，在任务分工表中填写相应职责人员的姓名。

任务分工表

序　号	组　长	记 录 员	操 作 员	备　注
1				
2				
3				
4				

【实施计划】

一、请结合本小组制订的检修顺序，对进气温度传感器对电源短路或线路断路故障电路进行检测与维修，并完成下列表格的填写（表格中检测部位的顺序不一定是标准顺序）。

序　号	检测部位	检测数据	结果判断
1	进气温度传感器电源线电压		
2	进气温度传感器搭铁线电阻		
3	进气温度传感器电阻		
4	进气温度传感器 1-A13 的电阻		
5	进气温度传感器 2-B78 的电阻		
6	进气温度传感器信号电压		

二、根据上述的所有检测结果，确定故障内容并完成下列表格的填写。

1. 确定的故障部位是：

元件损坏	1）
	2）
	3）
线路故障	1）
	2）
	3）
其他（请详细写明）	1）
	2）
	3）

2. 故障点的排除处理说明（在下列选项中打√即可）：

故障点		故障点处理方法		
序 号	故障名称			
故障1		□更换	□维修	□调整
故障2		□更换	□维修	□调整
故障3		□更换	□维修	□调整
故障4		□更换	□维修	□调整

【检查与考评】

观察员根据操作员的工作过程评分，具体评分细则见下表。

进气温度传感器的检查与更换操作考评表

序号	项 目	考核内容	配分	扣分	得分
1	仪容仪表	着装、表情态度	5		
2	学习态度	学习准备、课堂参与度	10		
3	6S规程	遵守安全操作规程，工量具仪器不落地，物品摆放整齐	10		
4	检测方案	方案正确、实用、有效	15		
5	测量方法	方法正确得当、测量数据准确	25		
6	测量结果	能排除故障	25		
7	安全生产	无人身和设备安全事故发生	10		
		总分	100		
评分人：		日期： 年 月 日			

【评价反馈】

一、自我评价：

我做得好的地方	我还存在这些方面的问题
□测量部位准确	□动作不到位
□工具使用规范	□工具使用不规范
□拆装步骤熟悉	□拆装步骤不熟悉
□检测步骤熟悉	□检测步骤不熟悉
□零件摆放整齐	□工具摆放不整齐
□操作用时合理	□操作用时过长
□工作态度端正	□工作态度不够端正

二、小组评价：

我们组做到了：□全员参与　□分工明确

□工作高效　□完成了工作任务

三、教师评价：

评价内容	评价指标	星级评定（在相应的等级打√）
1. 活动态度方面	1）态度是否积极，是否主动组织或参与活动 2）与小组同学合作是否良好 3）活动是否认真、善始善终 4）是否勇于克服困难	□一级：☆☆☆☆☆ □二级：☆☆☆☆ □三级：☆☆☆ □四级：☆☆
2. 知识技能方面	1）查阅资料技能 2）实地观察记录能力 3）调查研究能力 4）整理材料能力	□一级：☆☆☆☆☆ □二级：☆☆☆☆ □三级：☆☆☆ □四级：☆☆

【知识巩固】

选择题

1. 负温度系数的热敏电阻其阻值随温度的升高而（　　）。

A. 升高　　B. 降低　　C. 不受影响　　D. 先高后低

2. 独立的进气温度传感器一般安装在（　　）上。

A. 进气歧管　　B. 进气总管　　C. 空气滤清器　　D. 节气门体

3. 某些发动机的进气温度传感器，一般与（　　）传感器做成一体。

A. 曲轴位置　　B. 进气歧管压力　　C. 节气门位置　　D. 凸轮轴位置

4. 下列哪个是进气温度传感器损坏引起的故障现象？（　　）

A. 供油失准，油耗增加　　B. 发动机异响

C. 冷起动困难　　D. 发动机抖动

5. 用诊断仪读取数据流发现进气温度为 -40℃，说明进气温度传感器（　　）。

A. 短路　　B. 断路　　C. 不确定　　D. 以上均不对

任务二
进气压力传感器的检测与更换

【任务描述】

一辆五菱宏光汽车，在行驶过程中出现动力不足、提速缓慢、发动机故障指示灯常亮的故障现象。于是车主把车开到4S店进行维修，经使用故障诊断仪进行检测后，发现为进气压力传感器的故障。现在，我们的工作任务是对这辆车的进气压力传感器故障进行诊断与排除。

【学习目标】

1. 能准确叙述进气压力传感器的作用，并在台架上找出进气压力传感器的安装位置；
2. 能叙述进气压力传感器的基本构造和工作原理；
3. 能绘制进气压力传感器控制电路图；
4. 能借助电路图分析进气压力传感器故障；
5. 会诊断进气压力传感器及其相关线路故障；
6. 会更换进气压力传感器。

【学习重点】

1. 绘制进气压力传感器控制电路图；
2. 借助电路图分析进气压力传感器故障；
3. 制订进气压力传感器的检修流程。

【学习难点】

借助电路图对进气压力传感器故障进行诊断与排除。

【知识准备】

一、进气压力传感器概述

进气压力传感器的作用是根据进气歧管压力来间接地测量发动机吸入的空气量。安装在发动机进气歧管上，如图3-3所示。

图3-3 进气压力传感器安装位置图

进气压力传感器电路包含ECU、进气压力传感器及相关线路等，其控制电路图如图3-4所示。

进气压力传感器共包含3个端子A、B、C，A端子是电源线，接入 ECU 端子 B50；B 端子是搭铁线，接入 ECU 端子 A13；C 端子是信号线，接入 ECU 端子 A75。进气压力传感器的接线端子如图 3-5 所示。

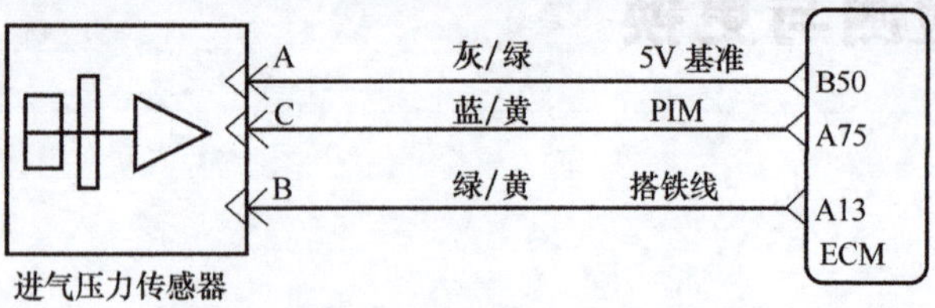

图 3-4　进气压力传感器电路图

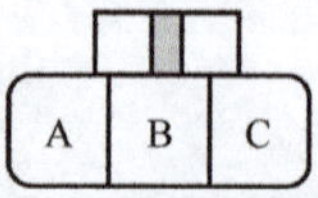

图 3-5　进气压力传感器的接线端子

进气压力传感器主要由硅片、真空室和电路组成，硅片由于受到进气压力作用而变形，引起电阻值的变化，从而使其输出的电压发生变化。

二、进气压力传感器电路的检测分析

进气压力传感器电路的检测分析详见下表：

序号	检测内容	检测方法		检测图示
1	电压检测	拔下进气压力传感器的插接器，置点火开关于 ON 档位，测量 A 端子对地电压应为 5.0V 左右		
2	信号检测	装回进气压力传感器插接器，接通点火开关，测量 C 端子对地之间的信号电压	① 在静态下测量信号线与地线之间的电压应为 4.0 左右	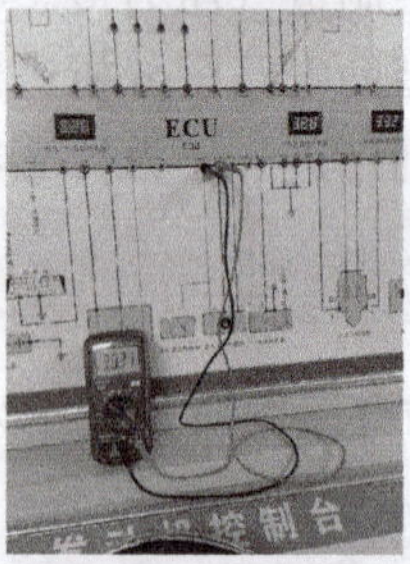
			② 怠速时的电压应为 1.0 ~ 1.5V	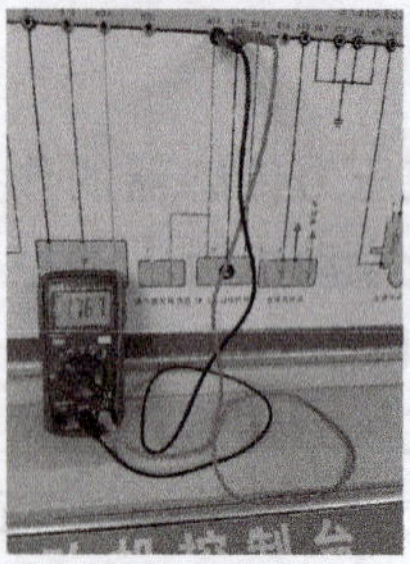

三、进气压力传感器故障的可能原因

进气压力传感器具体的故障形式是信号电压没有随着进气压力的变化而变化，或电压信号不在正常范围内。故障的可能原因有：

1）进气压力传感器故障；

2）进气压力传感器电源线 A 端子无电；

① 进气压力传感器 A 端子至 ECU 的 B50 之间的线路断路或搭铁；

② ECU 损坏。

3）进气压力传感器 B 端子搭铁线故障：进气压力传感器 B 端子至 ECU 的 A13 之间的线路断路；

4）进气压力传感器 C 端子至 ECU 的 A75 之间断路或搭铁。

【信息收集】

一、现场感受任务描述中的情景，把观察到的现象用几个关键词写出来。

____

____

二、明确工作任务，收集信息。

1. 我们的学习任务是什么？进气压力传感器的作用是什么？

1）学习任务：

____

____

____

2）进气压力传感器的作用：

____

____

____

2. 为顺利完成本学习任务，按下列要求完成下列信息的收集。

1）绘制进气压力传感器控制电路图，分析进气压力传感器的控制原理。

① 进气压力传感器控制电路图：

② 进气压力传感器的控制原理分析：

____

____

____

2）写出进气压力传感器的检测方法：

3. 对照自己所绘制的进气压力传感器控制电路图，在车辆上找到相对应元件或线路的具体位置，并完成下列填空。

1）进气压力传感器：安装在______________________，有______个接线端子，分别是______端、______端和______端。

2）进气压力传感器电源线的 A 端子连接到 ECU 的______端子，线的颜色是______。

3）进气压力传感器搭铁线 B 端子连接到 ECU 的______端子，线的颜色是______。

4）进气压力传感器信号线 C 端子连接到 ECU 的______端子，线的颜色是______。

4. 结合下列引导性的步骤，完成进气压力传感器控制电路的检测。

1）观察进气压力传感器的接线端子，画出端子的外形图，并且标注端子的代号。

绘制进气压力传感器端子图

2）进气压力传感器电源线的检测：

点火开关置于 OFF 档。拔下进气传感器插头，把万用表功能量程旋钮调到______档，点火开关置于 ON 档，万用表黑表笔接搭铁，红表笔测量传感器插头的 A 端子，此时万用表的读数为______，参考标准电压为 5.0V。

3）进气压力传感器搭铁线的检测：

点火开关置于 OFF 档。拔下进气传感器插头，把万用表功能量程旋钮调到______档，万用表黑表笔接搭铁，红表笔测量传感器插头的 B 端子，此时万用表显示的电阻值应接近于 0Ω，实际显示电阻值为____Ω。如果此时万用表测量的电阻值不符合规定值，应进一步检测传感器的搭铁线通断情况。

4）进气压力传感器信号电压的检测：

引出进气压力传感器 B、C 端子，把万用表功能量程旋钮调到______档，红黑表笔分别接触引出端子的 C 和 B，点火开关置于 ON 档，万用表显示信号电压为______V，起动发动机使发动机处于怠速状态，万用表显示信号电压为______V，使发动机处于大负荷状态，万用表显示信号电压为______V。

【制订计划】

一、根据进气压力传感器控制电路图，列举进气压力传感器故障的可能原因。

____

____

____

____

____

____

____

____

____

二、以小组讨论的方式，制订合理的进气压力传感器故障的检修计划。

①

②

③

…

三、在下表中选择在检修中可能用到的工量具（在对应的选项中打√即可）。

工量具名称	选　择	
万用表	□可能	□不可能
测试灯	□可能	□不可能
尖嘴钳	□可能	□不可能
跨接线	□可能	□不可能
十字螺钉旋具	□可能	□不可能
一字螺钉旋具	□可能	□不可能
手电筒	□可能	□不可能
其他（请填写具体名称）		

四、要完成本工作任务，你认为下表中哪些事项是必须要遵守的？请在□打√。

注意事项	选择	
工量具整齐摆放不搁地	□是	□否
“零件、油、水”不落地	□是	□否
跨接线测试时，谨防短路现象	□是	□否
万用表校零	□是	□否
及时记录维修工作数据	□是	□否
维修工作完成后需要进行工作现场“6S”管理	□是	□否
其他		

五、任务分工，请在任务分工表中填写相应职责人员的姓名。

任务分工表

序号	组长	记录员	操作员	备注
1				
2				
3				
4				

【实施计划】

一、结合本小组制订的检修计划，对进气压力传感器故障进行检测与维修，并完成下列表格的填写（表格中检测部位的顺序不一定是标准顺序）。

序号	检测部位	检测数据	结果判断
1	进气压力传感器搭铁线 B 端子与搭铁之间的电阻		
2	进气压力传感器电源线 A 端子与搭铁之间的电压		
3	进气压力传感器 A-B50 的电阻		
4	进气压力传感器 B-A13 的电阻		
5	进气压力传感器 C-A75 的电阻		
6	打开点火开关时，进气压力传感器信号电压		
7	使发动机处于怠速时，进气压力传感器信号电压		
8	使发动机处于大负荷时，进气压力传感器信号电压		

二、根据上述的所有检测结果，确定故障内容并完成下列表格的填写。

1. 确定的故障部位是：

元件损坏	1）
	2）
	3）
线路故障	1）
	2）
	3）
其他 （请详细写明）	1）
	2）
	3）

2. 故障点的排除处理说明（在下列选项中打√即可）。

故障点		故障点处理方法		
序号	故障名称			
故障1		□更换	□维修	□调整
故障2		□更换	□维修	□调整
故障3		□更换	□维修	□调整
故障4		□更换	□维修	□调整

【检查与考评】

观察员根据操作员的工作过程评分，具体评分细则见下表。

进气压力传感器的检查与更换操作考评表

序号	项目	考核内容	配分	扣分	得分
1	仪容仪表	着装、表情态度	5		
2	学习态度	学习准备、课堂参与度	10		
3	6S 规程	遵守安全操作规程，工量具仪器不落地，物品摆放整齐	10		
4	检测方案	方案正确、实用、有效	15		
5	测量方法	方法正确得当、测量数据准确	25		
6	测量结果	能排除故障	25		
7	安全生产	无人身和设备安全事故发生	10		
总分			100		
评分人：		日期： 年 月 日			

【评价反馈】

一、自我评价：

我做得好的地方	我还存在这些方面的问题
□测量部位准确	□动作不到位
□工具使用规范	□工具使用不规范
□拆装步骤熟悉	□拆装步骤不熟悉
□检测步骤熟悉	□检测步骤不熟悉
□零件摆放整齐	□工具摆放不整齐
□操作用时合理	□操作用时过长
□工作态度端正	□工作态度不够端正

二、小组评价：

我们组做到了：□全员参与　　□分工明确

□工作高效　　□完成了工作任务

三、教师评价：

评价内容	评价指标	星级评定（在相应的等级打√）
1. 活动态度方面	1）态度是否积极，是否主动组织或参与活动 2）与小组同学合作是否良好 3）活动是否认真、善始善终 4）是否勇于克服困难	□一级：☆☆☆☆☆ □二级：☆☆☆☆ □三级：☆☆☆ □四级：☆☆
2. 知识技能方面	1）查阅资料技能 2）实地观察记录能力 3）调查研究能力 4）整理材料能力	□一级：☆☆☆☆☆ □二级：☆☆☆☆ □三级：☆☆☆ □四级：☆☆

【知识巩固】

选择题

1. 在速度密度型的喷油系统中，对喷油器的接通时间或喷油持续时间影响最大的传感器是（　　）。

A. 氧传感器　　B. 曲轴位置传感器

C. 节气门位置传感器　　D. 进气压力传感器

2. 进气压力传感器一般安装在（　　）上。

A. 进气歧管　　B. 进气总管

C. 空气滤清器　　D. 节气门体

3. 某些发动机的进气压力传感器，一般与（　　）传感器做成一体。

A. 曲轴位置　　B. 进气温度传感器

C. 节气门位置　　D. 凸轮轴位置

4. 下列哪个是进气压力传感器损坏引起的故障现象？（　　）

A. 供油失准，油耗增加　　B. 发动机异响

C. 无怠速　　D. 动力不足，提速缓慢

5. 进气压力传感器信号线 C 端子连接到 ECU（　　）端。

A. B75　　B. A13

C. A50　　D. 以上均不对

任务三
节气门位置传感器的检测与更换

【任务描述】

一辆五菱宏光汽车，在行驶过程中出现加速不良、发动机故障指示灯常亮等现象，于是车主把车开到4S店进行维修。经检测，发现故障为节气门位置传感器异常。现在，我们的工作任务是对这辆车的节气门位置传感器故障进行诊断与排除。

【学习目标】

1. 能准确叙述节气门位置传感器的作用，并在台架上找出节气门位置传感器的安装位置；
2. 能叙述节气门位置传感器的基本构造和工作原理；
3. 能绘制节气门位置传感器控制电路图；
4. 能借助电路图分析节气门位置传感器故障；
5. 会诊断节气门位置传感器及其相关线路故障；
6. 会更换节气门位置传感器。

【学习重点】

1. 绘制节气门位置传感器控制电路图；
2. 借助电路图分析节气门位置传感器故障；
3. 制订节气门位置传感器的检修流程。

【学习难点】

借助电路图对节气门位置传感器故障进行诊断与排除。

【知识准备】

一、节气门位置传感器概述

节气门位置传感器用于检测节气门的开度，并将其转换成电信号输送给电控单元，作为电控单元判定发动机运行工况的依据。节气门位置传感器安装在节气门体上，其安装位置如图3-6所示。

节气门位置传感器电路包含ECU、节气门位置传感器及相关线路等，其控制电路图如图3-7所示。

节气门位置传感器共包含3个端子A、B、C，A端子是电源线，接入ECU端子B21；B

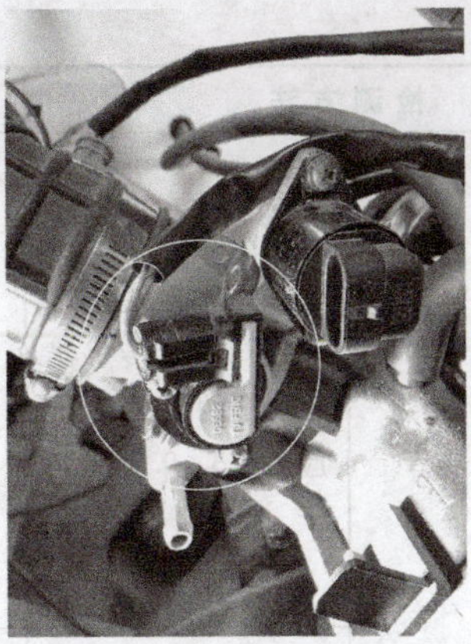

图 3-6　节气门位置传感器的安装位置

端子是搭铁线，接入 ECU 端子 B82；C 端子是信号线，接入 ECU 端子 A74。节气门位置传感器的接线端子，如图 3-8 所示。

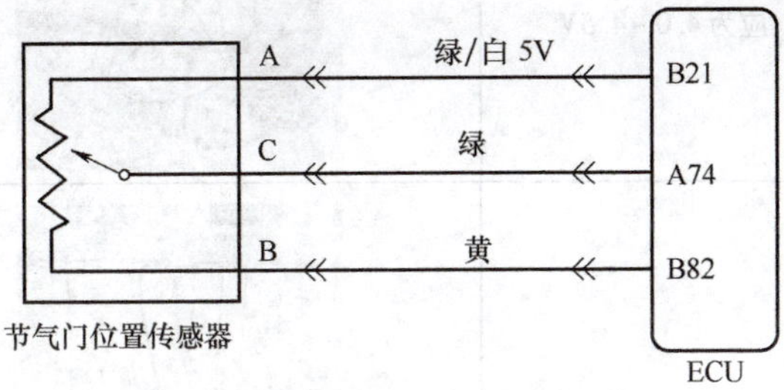

图 3-7　节气门位置传感器电路图

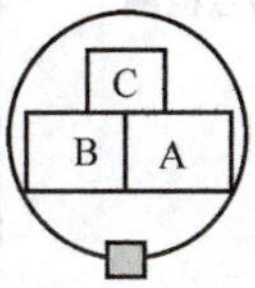

图 3-8　节气门位置传感器的接线端子

节气门位置传感器主要由滑片电阻和滑片组成，滑片与节气门同轴。节气门位置传感器实际为一个滑动电位计，电位计输出与节气门开度成比例的电压信号，节气门开度小时输出电压低，节气门开度大时输出电压高。

二、节气门位置传感器电路的检测分析

节气门位置传感器电路的检测分析详见下表。

序号	检测内容	检测方法	检测图示
1	电压检测	拔下节气门位置传感器的插接器，置点火开关 ON 位，测量 A 端子搭铁电压应为 5.0V 左右	

（续）

<table>
<tr><th>序号</th><th>检 测 内 容</th><th colspan="2">检 测 方 法</th><th>检 测 图 示</th></tr>
<tr><td rowspan="3">2</td><td rowspan="3">信号检测</td><td rowspan="3">装回节气门位置传感器插接器，接通点火开关，测量C端子搭铁信号电压</td><td>①节气门关闭时节气门位置传感器C端子的信号电压应为0.3～0.5V</td><td>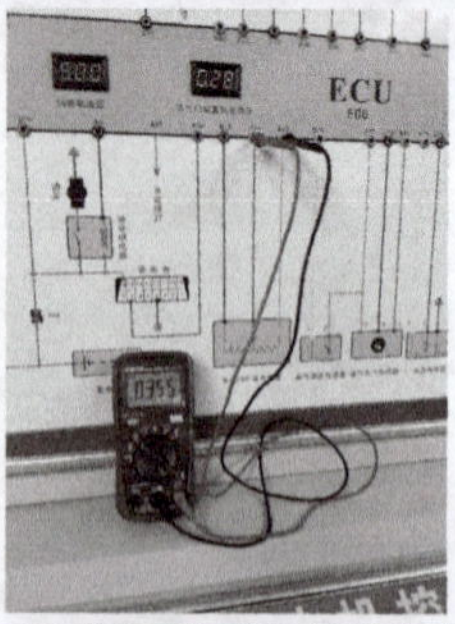</td></tr>
<tr><td>②节气门全开时节气门位置传感器C端子的信号电压应为4.0～4.5V</td><td>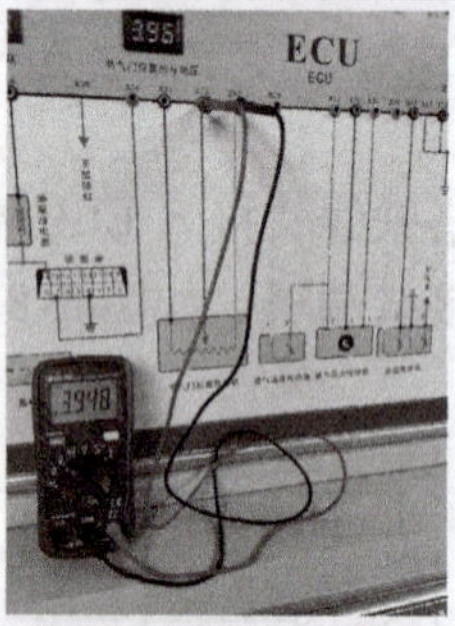</td></tr>
<tr><td>③节气门开度变化时信号电压值应是平滑变化的</td><td>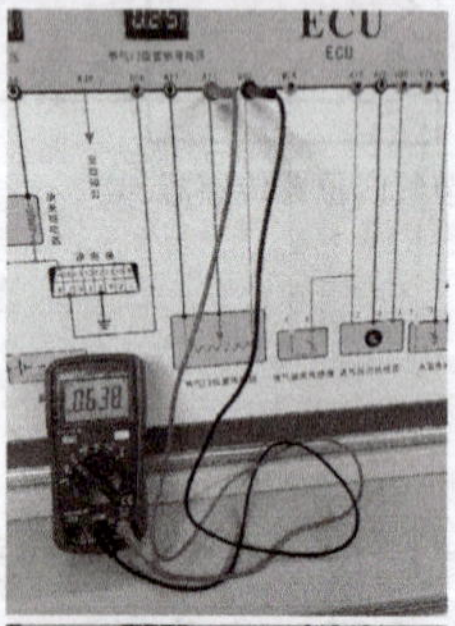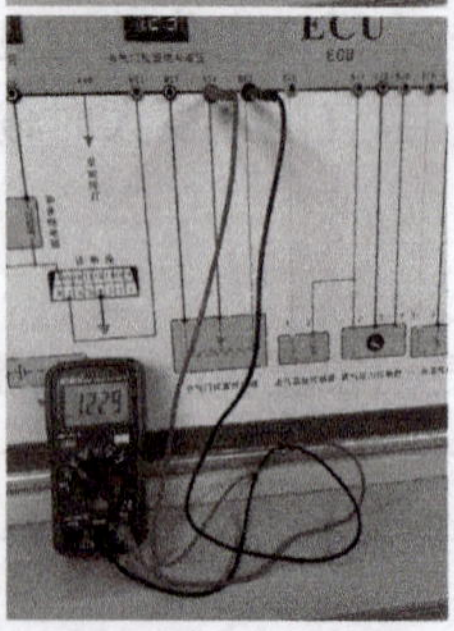</td></tr>
</table>

三、节气门位置传感器的故障原因

节气门位置传感器具体的故障形式是信号电压没有随着节气门位置的变化而变化，或电压信号不在正常范围内，故障的可能原因有：

1）节气门位置传感器故障；

2）节气门位置传感器电源线 A 端子无电；

① 节气门位置传感器 A 端子至 ECU 的 B21 之间的线路断路或搭铁；

② ECU 损坏。

3）节气门位置传感器 B 端子至 ECU 的 B82 之间的线路断路；

4）节气门位置传感器 C 端子至 ECU 的 A74 之间断路或搭铁。

四、节气门位置传感器的检测方法

1. 电压法

1）传感器 A 端子 5V 基准电压的检测：若检查传感器端不正常则应进一步检查 ECU 端的 5V 输出和 A-B21 之间的线路是否正常，若仍正常则检测或更换 ECU。

2）传感器 C 端子输出信号电压的检测：打开点火开关，用万用表检测传感器信号线搭铁电压，节气门关闭时的电压应为 0.3～0.5V；节气门全开时的电压应为 4.0～4.5V，且节气门变化时电压值应是平滑变化的。若不正常应更换节气门位置传感器。

2. 电阻法

测量节气门位置传感器 A-C 端子的电阻，节气门全闭时为 1～3kΩ，节气门全开时为 5.5～7.5kΩ。

【信息收集】

一、现场感受任务描述中的情景，把观察到的现象用几个关键词写出来。

____

____

二、明确工作任务，收集信息。

1. 我们的学习任务是什么？节气门位置传感器的作用是什么？

1）学习任务：

____

____

____

2）节气门位置传感器的作用：

____

____

____

2. 为顺利完成本学习任务，按要求完成下列信息的收集。

1）绘制节气门位置传感器控制电路图，分析节气门位置传感器的控制原理。

① 节气门位置传感器控制电路图：

② 节气门位置传感器的控制原理分析：

2）写出节气门位置传感器的检测方法：

3. 对照自己所绘制的节气门位置传感器控制电路图，在车辆上找到相对应元件或线路的具体位置，并完成下列填空。

1）节气门位置传感器：安装在______________________，有______个接线端子，分别是______端子、______端子和______端子。

2）节气门位置传感器电源线的 A 端子连接到 ECU 的______端子，线的颜色是______。

3）节气门位置传感器搭铁线 B 端子连接到 ECU 的______端子，线的颜色是______。

4）节气门位置传感器信号线 C 端子连接到 ECU 的______端子，线的颜色是______。

4. 结合下列引导性的步骤，完成节气门位置传感器控制电路的检测。

1）观察节气门位置传感器的接线端子，画出端子的外形图，并且标注端子的代号。

绘制节气门位置传感器端子图

2）节气门位置传感器电源线的检测：

点火开关置于 OFF 档，拆下节气门位置传感器插头，把万用表功能量程旋钮调到______档，点火开关置于 ON 档，万用表黑表笔接搭铁，红表笔测量传感器插头的 A 端子，此时万用表的读数为______，参考电压为 5.0V。

3）节气门位置传感器搭铁线的检测：

点火开关置于 OFF 档。拆下节气门传感器插头，把万用表功能量程旋钮调到______档，万用表黑表笔接搭铁，红表笔测量传感器插头的 B 端子，此时万用表显示的电阻值应接近于0Ω，实际显示电阻值为______Ω。如果此时万用表测量的电阻值不符合规定值，应进一步检测传感器的搭铁线通断情况。

4）节气门位置传感器信号电压的检测：

引出节气门位置传感器 B、C 端子，把万用表功能量程旋钮调到______档，红黑表笔分别接触引出端子的 C 和 B，把点火开关置于 ON 档，节气门关闭时万用表显示信号电压为______V；节气门全开时，万用表显示信号电压为______V。

【制订计划】

一、根据节气门位置传感器控制电路图，列举节气门位置传感器的故障原因。

____

____

____

____

____

二、以小组讨论的方式，制订合理的节气门位置传感器故障的检修计划。

①

②

③

…

三、在下表中选择在检修中可能用到的工量具（在对应的选项中打√即可）。

工量具名称	选　择	
万用表	□可能	□不可能
测试灯	□可能	□不可能
尖嘴钳	□可能	□不可能
跨接线	□可能	□不可能
十字螺钉旋具	□可能	□不可能
一字螺钉旋具	□可能	□不可能
手电筒	□可能	□不可能
其他（请填写具体名称）		

四、要完成本工作任务，你认为下表中哪些事项是必须要遵守的？请在□打√。

注 意 事 项	选　择	
工量具整齐摆放不搁地	□是	□否
“零件、油、水”不落地	□是	□否
跨接线测试时，谨防短路现象	□是	□否
万用表校零	□是	□否

（续）

注意事项	选择	
及时记录维修工作数据	□是	□否
维修工作完成后需要进行工作现场“6S”管理	□是	□否
其他		

五、任务分工，在任务分工表中填写相应职责人员的姓名。

任务分工表

序号	组长	记录员	操作员	备注
1				
2				
3				
4				

【实施计划】

一、结合本小组制订的检修计划，对节气门位置传感器故障进行检测与维修，并完成下列表格的填写。(表格中检测部位的顺序不一定是标准顺序)

序号	检测部位	检测数据	结果判断
1	节气门位置传感器搭铁线 B 端子与搭铁之间的电阻		
2	节气门位置传感器电源线 A 端子与搭铁之间的电压		
3	节气门位置传感器 A-B21 的电阻		
4	节气门位置传感器 B-B82 的电阻		
5	节气门位置传感器 C-A74 的电阻		
6	打开点火开关，节气门关闭时，节气门位置传感器信号电压		
7	打开点火开关，节气门全开时，节气门位置传感器信号电压		
8	节气门关闭时，节气门位置传感器 B-C 的电阻		
9	节气门全开时，节气门位置传感器 B-C 的电阻		

二、根据上述的所有检测结果，确定故障内容并完成下列表格的填写。

1. 确定的故障部位是：

元件损坏	1）
	2）
	3）
线路故障	1）
	2）
	3）
其他 （请详细写明）	1）
	2）
	3）

2. 故障点的排除处理说明（在下列选项中打√即可）：

故障点		故障点处理方法		
序　号	故障名称			
故障 1		□更换	□维修	□调整
故障 2		□更换	□维修	□调整
故障 3		□更换	□维修	□调整
故障 4		□更换	□维修	□调整

【检查与考评】

观察员根据操作员的工作过程评分，具体评分细则见下表。

节气门位置传感器的检查与更换操作考评表

序号	项　目	考核内容	配分	扣分	得分
1	仪容仪表	着装、表情态度	5		
2	学习态度	学习准备、课堂参与度	10		
3	6S 规程	遵守安全操作规程，工量具仪器不落地，物品摆放整齐	10		
4	检测方案	方案正确、实用、有效	15		
5	测量方法	方法正确得当、测量数据准确	25		
6	测量结果	能排除故障	25		
7	安全生产	无人身和设备安全事故发生	10		
总分			100		
评分人：		日期：　年　月　日			

【评价反馈】

一、自我评价：

我做得好的地方	我还存在这些方面的问题
□测量部位准确	□动作不到位
□工具使用规范	□工具使用不规范
□拆装步骤熟悉	□拆装步骤不熟悉
□检测步骤熟悉	□检测步骤不熟悉
□零件摆放整齐	□工具摆放不整齐
□操作用时合理	□操作用时过长
□工作态度端正	□工作态度不够端正

二、小组评价：

我们组做到了：□全员参与　　□分工明确

□工作高效　　□完成了工作任务

三、教师评价：

评价内容	评价指标	星级评定（在相应的等级打√）
1. 活动态度方面	1）态度是否积极，是否主动组织或参与活动 2）与小组同学合作是否良好 3）活动是否认真、善始善终 4）是否勇于克服困难	□一级：☆☆☆☆☆ □二级：☆☆☆☆ □三级：☆☆☆ □四级：☆☆
2. 知识技能方面	1）查阅资料技能 2）实地观察记录能力 3）调查研究能力 4）整理材料能力	□一级：☆☆☆☆☆ □二级：☆☆☆☆ □三级：☆☆☆ □四级：☆☆

【知识巩固】

选择题

1. 下列（　　）与节气门同轴安装。

A. 氧传感器　　B. 曲轴位置传感器

C. 凸轮轴位置传感器　　D. 节气门位置传感器

2. 节气门位置传感器一般安装在（　　）上。

A. 进气歧管　　B. 进气总管

C. 空气滤清器　　D. 节气门体

3. 在检查节气门位置传感器电源电压时，在接通点火开关的条件下，电压约为(　　)。

A. 5V B. 12V

C. 0V D. 以上均不对

4. 下列哪个是节气门位置传感器损坏引起的故障现象？（ ）

A. 供油失准，油耗增加 B. 发动机异响

C. 无怠速，怠速游车，加速不良 D. 动力不足

5. 节气门位置传感器信号线 C 端子连接到 ECU（ ）端子。

A. B21 B. A74

C. B82 D. 以上均不对

任务四
曲轴位置传感器的检测与更换

【任务描述】

黄先生开着自己的五菱宏光汽车外出送货，该车出现起动困难甚至起动不了、发动机故障指示灯常亮的现象。没有汽车修理经验的黄先生拨打了4S店的施救电话，4S店的刘师傅根据故障现象用故障诊断仪对发动机进行故障诊断，诊断仪显示有故障码为P1321，内容为“曲轴位置传感器无信号”。对此，刘师傅初步判断导致该故障现象的可能原因是曲轴位置传感器出现了故障。现在，我们的工作任务是对这辆车的曲轴位置传感器故障进行检测与更换。

【学习目标】

1. 能叙述曲轴位置传感器的作用、结构、类型和工作原理；
2. 能绘制曲轴位置传感器电路图，根据电路图分析曲轴位置传感器故障的原因；
3. 能制订曲轴位置传感器故障的检修流程；
4. 能借助电路图对曲轴位置传感器进行诊断与排除；
5. 会填写工作页，记录检修结果。

【学习重点】

1. 借助电路图分析曲轴位置传感器故障可能的原因；
2. 制订曲轴位置传感器的检修流程。

【学习难点】

借助电路图对曲轴位置传感器进行诊断与排除。

【知识准备】

一、曲轴位置传感器概述

曲轴位置传感器安装在变速壳上或带轮后，拆卸及安装时应注意不损坏传感器表面，并保证安装牢固，如图3-9所示。

曲轴位置传感器检测曲轴的转速以及曲轴的转角信号，将此信号输入ECU，以决定点火和喷油时刻。它有霍尔式、电磁式、光电式等类型。B12发动机采用霍尔式曲轴位置传感器。

曲轴位置传感器电路一般包含ECU、曲轴位置传感器及其相关线路等，其控制电路如

图 3-10 所示。

图 3-9　曲轴位置传感器安装位置

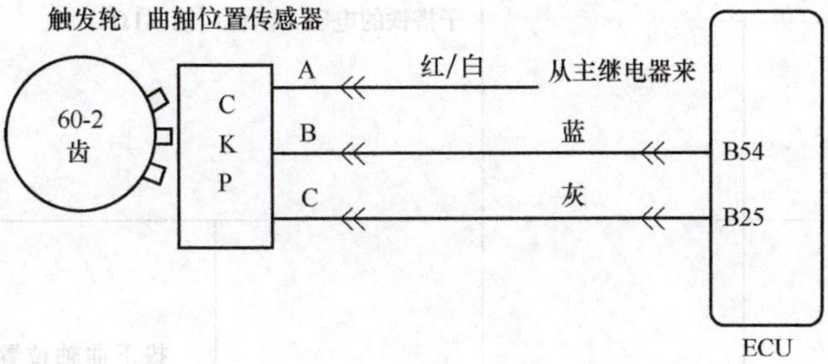

图 3-10　曲轴位置传感器电路图

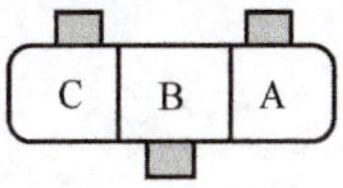

图 3-11　曲轴位置传感器的接线端子

曲轴位置传感器共包含 3 个端子 A、B、C，A 端子是曲轴位置传感器的电源端，从主继电器来；C 端子是传感器搭铁端，接入 ECU 端子 B25，B 端子是曲轴位置传感器信号端，接入 ECU 端子 B54，把信号传给 ECU。曲轴位置传感器传感器的接线端子如图 3-11 所示。

霍尔传感器主要由集成电路、永久磁铁和导磁片组成。它是利用磁场强弱来控制霍尔电压的有无，从而输出相应的频率信号，信号的有无取决于磁场的通断。

二、曲轴位置传感器控制电路的检测分析

曲轴位置传感器控制电路的检测分析方法详见下表：

序号	检 测 内 容	检 测 方 法	检 测 图 示
1	电源线电压检测	拔下曲轴位置传感器的插接器，置点火开关 ON 位，用直流电压档测量 A 端子搭铁电压应约为 12.0V	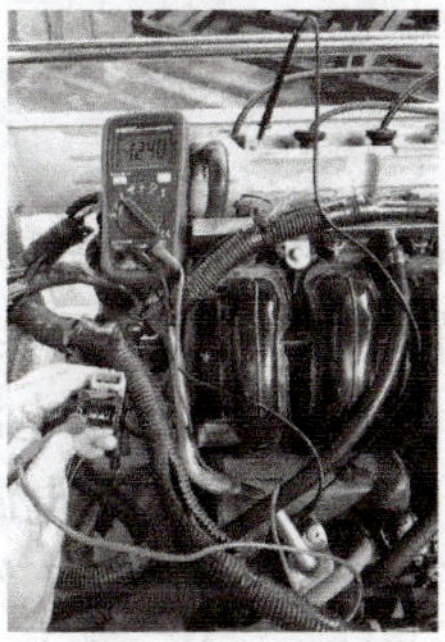

（续）

序号	检测内容	检测方法		检测图示
2	搭铁线检测	点火开关处于 OFF 位，拔下曲轴位置传感器的插接器，用电阻档测量传感器 C 端子搭铁的电阻，阻值应该≤1Ω		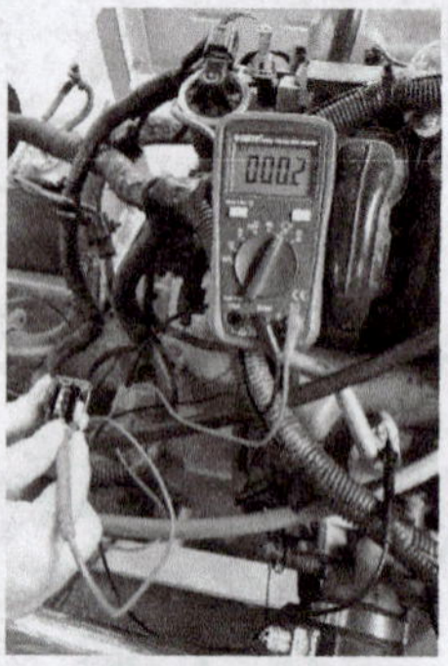
3	信号检测	①静态信号电压检测	拔下曲轴位置传感器的插接器，置点火开关 ON 位，用万用表直流电压档测量 B 端子搭铁电压应约为 5.0V	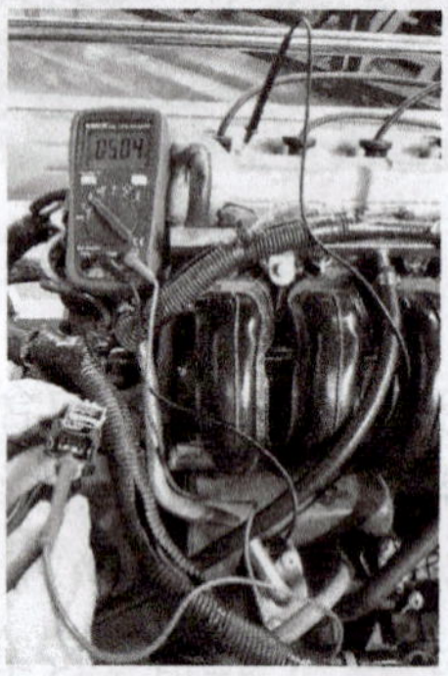
		②动态信号电压检测	装回曲轴位置传感器插接器，接通点火开关，用万用表直流电压档测量传感器 B 端子与搭铁端或 B54 对 B25 之间的信号电压，发动机转动时信号电压为 2.5 ~2.7V	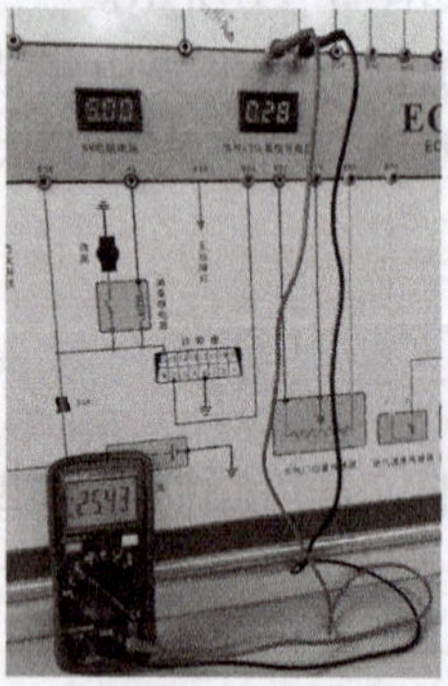

三、曲轴位置传感器的故障原因

曲轴位置传感器的故障形式是信号电压没有随着曲轴转角的变化而变化，或信号电压不在正常范围内，故障的可能原因有：

1）曲轴位置传感器电源线 A 端子无电；

① 曲轴位置传感器电源线 A 端子至主继电器之间的线路断路或搭铁；

② 主继电器不正常工作。

2）曲轴位置传感器信号线 B 端子至 ECU 的 B54 线路断路或搭铁；

3）ECU 损坏；

4）曲轴位置传感器搭铁线断路；

5）曲轴位置传感器本身故障。

【信息收集】

一、现场感受任务描述中的情景，把观察到的现象用几个关键词写出来。

______

______

二、明确工作任务，收集信息。

1. 我们的学习任务是什么？曲轴位置传感器的作用是什么？

1）学习任务：

______

______

2）曲轴位置传感器的作用：

______

______

______

3）曲轴位置传感器的类型有：

______

______

其中五菱宏光 B12 发动机是采用________________类型的曲轴位置传感器。

2. 为顺利完成本学习任务，请按要求完成下列信息的收集。

1）绘制曲轴位置传感器控制电路图，分析曲轴位置传感器的控制原理。

① 曲轴位置传感器控制电路图：

② 曲轴位置传感器的控制原理分析。

______

______

______

______

______

2）写出曲轴位置传感器的检测方法。

3. 对照自己所绘制的曲轴位置传感器控制电路图，在车辆上找到相对应元件或线路的具体位置，并完成下列填空。

1）曲轴位置传感器：安装在______________，有______个接线端子，分别是______端子、______端子和______端子。

2）曲轴位置传感器电源线 A 端子连接到主继电器的______端子，线的颜色是______。

3）曲轴位置传感器信号线 B 端子连接到 ECU 的______端子，线的颜色是______。

4）曲轴位置传感器搭铁线 C 端子连接到 ECU 的______端子，线的颜色是______。

5）主继电器：安装在______________，有______个针脚，针脚的编号分别为______、______、______、______。

4. 结合下列引导性的步骤，完成曲轴位置传感器控制电路的检测。

1）测量主继电器性能：

① 观察主继电器的外形，画出端子图，并且注明端子的号脚。

请绘制主继电器端子图

② 继电器线圈的检测：把万用表旋到______档，两表笔分别接触继电器的“85”和“86”端子，万用表显示电阻值为______Ω，继电器线圈的标准电阻值约为______Ω。

③ 主继电器触点的检测：把蓄电池的正、负极分别接到继电器的“85”和“86”端子，此时应该听到继电器接点的闭合声响，再用万用表的“200Ω”电阻档测量继电器的 30 端子和______端子，万用表的读数是______Ω。

2）曲轴位置传感器电源线的检测：

① 把万用表旋到直流电压档，拔下曲轴位置传感器的插接器，点火开关置于 ON 位，红表笔接触传感器“A”端子，黑表笔接______，此时万用表显示的电压应该为蓄电池电压，实际显示电压值为______V。如果此时测量到的电压不符合规定值，应进一步检测曲轴位置传感器电源线的通断情况或者是检查________输出端的电压值。

② 把万用表旋到电阻档，关闭点火开关，拔下曲轴位置传感器插接器，红表笔接触曲轴位置传感器 A 端子，黑表笔接触主继电器________号输出端子座孔，此时万用表显示的电阻值应接近于0Ω，实际显示电阻值为______Ω。如果此时万用表显示数值为无穷大，说明曲轴位置传感器电源线______，应把它连接好。

3）曲轴位置传感器搭铁线的检测：

① 点火开关打到 OFF 档。拆卸曲轴位置传感器插接器，把万用表旋到______档，万用表黑表笔接地，红表笔测量传感器插头的 C 端子，此时万用表显示的电阻值应接近于0Ω，实际显示电阻值为______Ω。如果此时万用表测量的电阻值不符合规定值，应进一步检测传感器的搭铁线通断情况。

② 把万用表旋到______档，点火开关置于“OFF”档，拔下曲轴位置传感器插接器，红表笔接触传感器的 C 端子，黑表笔接触 ECU 输出端子______座孔，此时万用表显示的电阻值应接近于0Ω，实际显示电阻值为______Ω。如果此时万用表显示数值为无穷大，说明曲轴位置传感器搭铁线______，应把它连接好。

4）曲轴位置传感器信号线的检测：

① 点火开关置于 OFF 档，拔下曲轴位置传感器的插接器，打开点火开关于 ON 档，把万用表旋到______档，用万用表红表笔接触曲轴位置传感器插头的 B 端子，黑表笔接触接搭铁，此时万用表读数为______，参考信号电压应为 5.0V。如果此时万用表测量的电压值不符合规定值，应进一步检测传感器的信号线通断情况。

② 拔下曲轴位置传感器的插接器，把万用表旋到______档，两表笔分别接触曲轴位置传感器插头的 B 端子和 ECU 的 B54 端子，此时万用表显示的电阻值应接近于0Ω，实际显示电阻值为______Ω。如果此时万用表显示数值为无穷大，说明曲轴位置传感器信号线______，应把它连接好。

5）曲轴位置传感器信号电压检测：

把曲轴位置传感器的插接器装回，把万用表旋到______档，红色表笔接触示教板上 ECU 信号端子 B54，黑表笔接触示教板上的 ECU 搭铁端子 B25，起动发动机，万用表读数为______，参考标准电压为 2.5～2.7V。

【制订计划】

一、根据曲轴位置传感器控制电路图，列举曲轴位置传感器电路的故障原因。

____

____

____

____

____

____

二、以小组讨论的方式，制订合理的曲轴位置传感器的故障检修流程（用“①、②、③…”在上述列举出的故障原因中按顺序编号即可）。

三、在下表中选择在检修中可能用到的工量具（在对应的选项中打√即可）。

工量具名称	选　择	
万用表	□可能	□不可能
测试灯	□可能	□不可能
尖嘴钳	□可能	□不可能
跨接线	□可能	□不可能
十字螺钉旋具	□可能	□不可能
手电筒	□可能	□不可能
一字螺钉旋具	□可能	□不可能
120 件套常用工具	□可能	□不可能
其他（请填写具体名称）		

四、要完成本工作任务，你认为下表中哪些事项是必须要遵守的？请在相应的位置打√。

注 意 事 项	选　择	
工量具整齐摆放不搁地	□是	□否
“零件、油、水”不落地	□是	□否
跨接线测试时，谨防短路现象	□是	□否
万用表校零	□是	□否
及时记录维修数据	□是	□否
维修工作完成后需要进行工作现场“6S”管理	□是	□否
其他		

五、任务分工，请在任务分工表中填写相应职责人员的姓名。

任务分工表

序　号	组　长	记 录 员	操 作 员	备　注
1				
2				
3				
4				

【实施计划】

一、结合本小组制订的检修顺序，对曲轴位置传感器控制电路进行检测与维修，并完成下列表格的填写（表格中检测部位的顺序不一定是标准顺序）。

序　　号	检 测 部 位	检 测 数 据	结 果 判 断
1	蓄电池电压		
2	曲轴位置传感器电源电压：传感器 A 端子搭铁电压		
3	曲轴位置传感器搭铁线电阻：传感器 C 端子搭铁电阻		
4	曲轴位置传感器信号参考电压：传感器 B 端子搭铁电压		
5	起动发动机，曲轴位置传感器信号电压 B54 端子与 B25 端子的电压		
6	曲轴位置传感器 A 端子与继电器 87 端子（A66）的电阻		
7	曲轴位置传感器信号 B 端子与 B54 端子的电阻		
8	ECU		

二、根据上述的所有检测结果，确定故障内容并完成下列表格的填写。

1. 确定的故障部位是：

元件损坏	1)	
	2)	
	3)	
线路故障	1)	
	2)	
	3)	
其他 （请详细写明）	1)	
	2)	
	3)	

2. 故障点的排除处理说明（在下列选项中打√即可）：

故　障　点		故障点处理方法		
序　　号	故 障 名 称			
故障 1		□更换	□维修	□调整
故障 2		□更换	□维修	□调整
故障 3		□更换	□维修	□调整
故障 4		□更换	□维修	□调整

【检查与考评】

观察员根据操作员的工作过程评分，具体评分细则见下表。

曲轴位置传感器检测与维修操作考评表

序号	项　目	考 核 内 容	配分	扣分	得分
1	仪容仪表	着装、表情态度	5		
2	学习态度	学习准备、课堂参与度	10		
3	6S 规程	遵守安全操作规程，工量具仪器不落地，物品摆放整齐	10		
4	检测方案	方案正确、实用、有效	15		
5	测量方法	方法正确得当、测量数据准确	25		
6	测量结果	能排除故障	25		
7	安全生产	无人身和设备安全事故发生	10		
		总分	100		

评分人：　　　　　　　　　　日期：　　年　月　日

【评价反馈】

一、自我评价：

我做得好的地方	我还存在这些方面的问题
□测量部位准确	□动作不到位
□工具使用规范	□工具使用不规范
□拆装步骤熟悉	□拆装步骤不熟悉
□检测步骤熟悉	□检测步骤不熟悉
□零件摆放整齐	□工具摆放不整齐
□操作用时合理	□操作用时过长
□工作态度端正	□工作态度不够端正

二、小组评价：

我们组做到了：□全员参与　　□分工明确

□工作高效　　□完成了工作任务

三、教师评价：

评 价 内 容	评 价 指 标	星级评定（在相应的等级打√）
1. 活动态度方面	1）态度是否积极，是否主动组织或参与活动 2）与小组同学合作是否良好 3）活动是否认真、善始善终 4）是否勇于克服困难	□一级：☆☆☆☆☆ □二级：☆☆☆☆ □三级：☆☆☆ □四级：☆☆
2. 知识技能方面	1）查阅资料技能 2）实地观察记录能力 3）调查研究能力 4）整理材料能力	□一级：☆☆☆☆☆ □二级：☆☆☆☆ □三级：☆☆☆ □四级：☆☆

【知识巩固】

选择题

1. 下列哪个不属于曲轴位置传感器的类型（　　）。

A. 霍尔式　　B. 电磁感应式　　C. 光电式　　D. 滑线变阻式

2. ECU 根据（　　）信号检测发动机转速的。

A. 冷却液温度传感器　　B. 曲轴位置传感器

C. 爆燃传感器　　D. 车速传感器

3. 五菱宏光 B12 发动机霍尔式曲轴位置传感器共有（　　）条接线柱。

A. 2　　B. 3　　C. 4　　D. 5

4. 测量曲轴位置传感器的信号电压，万用表的量程应该选择（　　）档位。

A. 20V 直流档　　B. 20V 交流档　　C. 2V 交流档　　D. 200Ω

5. 测量电控汽车电子元件采用的是数字万用表，不能用指针式万用表，这是因为数字式万用表（　　）。

A. 具有高阻抗　　B. 具有低阻抗　　C. 测量精确　　D. 都不对

6. 一般来说，缺少了（　　）信号，电子点火系统将不能点火。

A. 进气量　　B. 冷却液温度　　C. 转速　　D. 节气门位置

任务五 凸轮轴位置传感器的检测与更换

【任务描述】

黄先生驾驶的五菱宏光汽车最近出现了加速不良、油耗增加的现象。没有汽车修理经验的黄先生把车开到了4S店，4S店的刘师傅检查发现该车的发动机故障指示灯处于常亮状态，他用故障诊断仪对发动机进行故障诊断，诊断仪显示故障码为P0342，即“凸轮轴位置传感器电路故障”。对此，刘师傅初步判断故障原因可能是凸轮轴位置传感器出现了故障。现在，我们的工作任务是对这辆车的凸轮轴位置传感器故障进行检测与更换。

【学习目标】

1. 能叙述凸轮轴位置传感器的作用、结构、类型和工作原理；
2. 能绘制凸轮轴位置传感器电路图，根据电路图分析凸轮轴位置传感器的故障原因；
3. 能制订凸轮轴位置传感器故障的检修流程；
4. 能借助电路图对凸轮轴位置传感器进行诊断与排除；
5. 会填写工作页，记录检修结果。

【学习重点】

1. 借助电路图分析凸轮轴位置传感器故障原因；
2. 制订凸轮轴位置传感器的检修流程。

【学习难点】

借助电路图对凸轮轴位置传感器进行诊断与排除。

【知识准备】

一、凸轮轴位置传感器概述

凸轮轴位置传感器安装在凸轮轴前端或后端，如图3-12所示。它的作用是检测1缸压缩上止点位置信号，将此信号输入ECU，以决定喷油时刻和点火时刻，是点火控制的主信号。凸轮轴位置传感器有霍尔式、电磁式、光电式等类型。B12发动机采用霍尔式凸轮轴位置传感器。

五菱宏光汽车凸轮轴位置传感器电路包含ECU、凸轮轴位置传感器及相关线路等，其控制电路如图3-13所示。

图 3-12　凸轮轴位置传感器安装位置

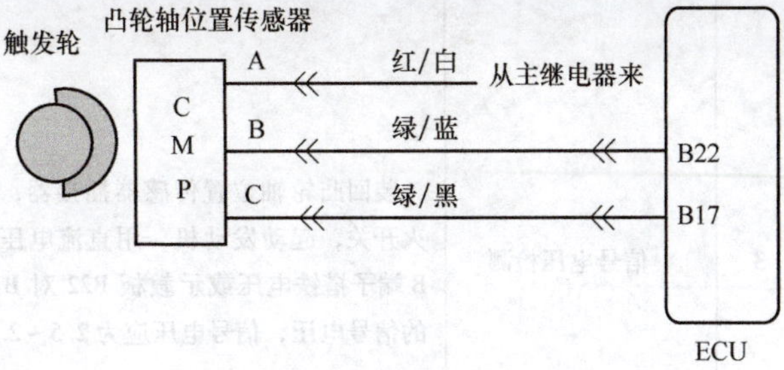

图 3-13　凸轮轴位置传感器电路图

凸轮轴位置传感器共包含 3 个端子 A、B、C，A 端子是凸轮轴位置传感器的电源端，从主继电器来；C 端子是传感器搭铁端，接入 ECU 端子 B17，B 端子是凸轮轴位置传感器信号端，接入 ECU 端子 B22，把信号传给 ECU。凸轮轴位置传感器的接线端子如图 3-14 所示。

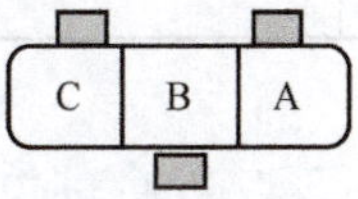

图 3-14　凸轮轴位置传感器的接线端子

凸轮轴位置传感器工作原理与曲轴位置传感器原理基本一样，霍尔传感器主要由集成电路、永久磁铁和导磁片组成。它是利用磁场强弱来控制霍尔电压的有无，从而输出相应的频率信号，信号的有无取决于磁场的通断。

二、凸轮轴位置传感器控制电路的检测分析

凸轮轴位置传感器控制电路的检测分析详见下表：

序号	检测内容	检测方法	检测图示
1	电源线电压检测	拔下凸轮轴位置传感器的插接器，点火开关置于 ON 位，用直流电压档测量 A 端子搭铁电压应为 12.0V 左右	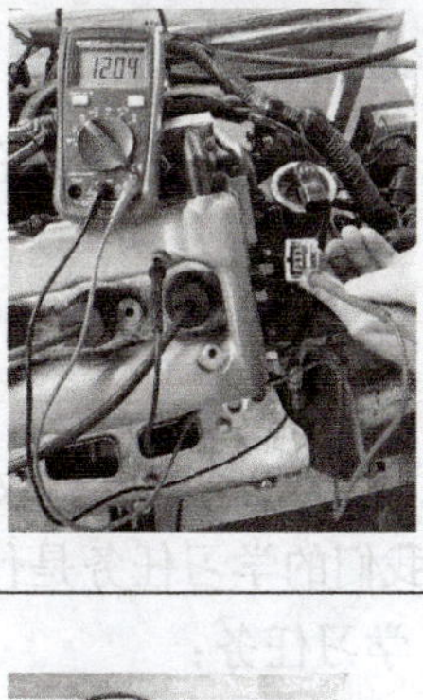
2	搭铁线路检测	点火开关处于 OFF 位，拔下凸轮轴位置传感器的插接器，用电阻档测量传感器 C 端子搭铁电阻，阻值应该≤1Ω	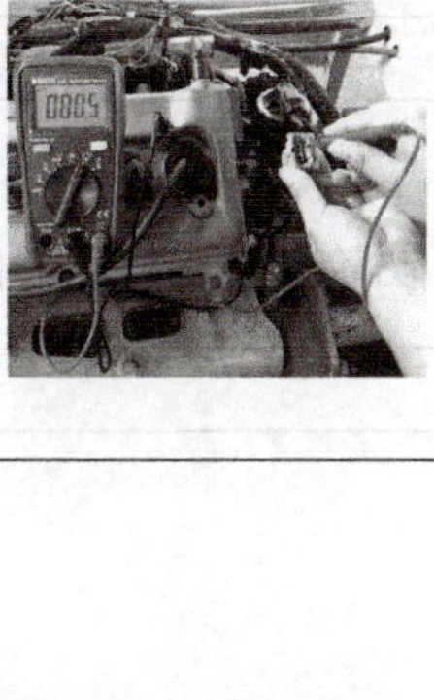

（续）

序号	检测内容	检测方法	检测图示
3	信号电压检测	装回凸轮轴位置传感器插接器，接通点火开关，起动发动机，用直流电压档测量B端子搭铁电压或示教板B22对B17之间的信号电压，信号电压应为2.5～2.7	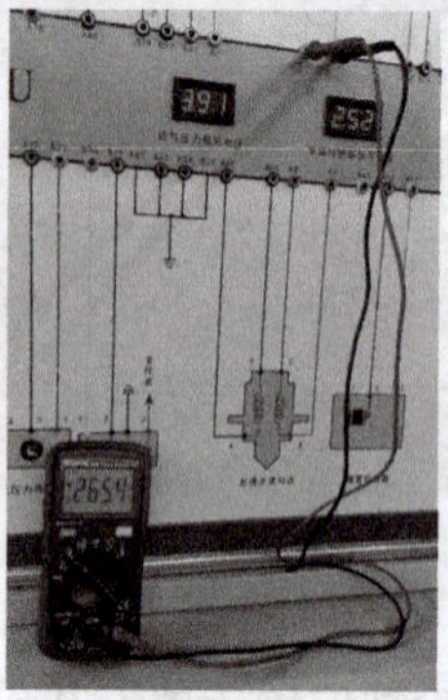

三、凸轮轴位置传感器的故障原因

凸轮轴位置传感器的故障形式是信号电压没有随着凸轮轴转角的变化而变化，或信号电压不在正常范围内，故障的可能原因有：

1）凸轮轴位置传感器电源线A端子无电；

① 凸轮轴位置传感器电源线断路或搭铁；

② 主继电器不正常工作。

2）凸轮轴位置传感器信号线断路或搭铁；

3）ECU损坏；

4）凸轮轴位置传感器搭铁线断路；

5）凸轮轴位置传感器本身故障。

【信息收集】

一、现场感受任务描述中的情景，把观察到的现象用几个关键词写出来。

____

____

____

二、明确工作任务，收集信息。

1. 我们的学习任务是什么？凸轮轴位置传感器的作用是什么？

1）学习任务：

____

____

____

2）凸轮轴位置传感器的作用：

____

____

____

凸轮轴位置传感器的类型有：____

____

____

2. 为顺利完成本学习任务，请按要求完成下列信息的收集。

1）绘制凸轮轴位置传感器控制电路图，分析凸轮轴位置传感器的控制原理。

① 凸轮轴位置传感器控制电路图：

② 凸轮轴位置传感器的控制原理分析：

____

____

____

____

____

2）写出凸轮轴位置传感器的测量方法：

____

____

____

____

____

3. 对照自己所绘制的凸轮轴位置传感器控制电路图，在车辆上找到相对应元件或线路的具体位置，并完成下列填空。

1）凸轮轴位置传感器：安装在________，有______个接线端子，分别是______端子、______端子和______端子。

2）凸轮轴位置传感器电源线 A 端子连接到主继电器的______端子，线的颜色是______。

3）凸轮轴位置传感器信号线 B 端子连接到 ECU 的______端子，线的颜色是______。

4）凸轮轴位置传感器搭铁线 C 端子连接到 ECU 的______端子，线的颜色是______。

5）主继电器：安装在________________，有______个针脚，针脚的编号分别为______、______、______、______。

4. 结合下列引导性的步骤，完成凸轮轴位置传感器控制电路的检测。

1）测量主继电器性能：

① 观察主继电器的外形，画出端子图，并且注明端子的号脚。

请绘制主继电器端子图

② 继电器线圈的检测：把万用表旋到______档，两表笔分别接触继电器的“______”和“______”端子，万用表显示电阻值为______Ω，继电器线圈的标准电阻值约为 80 ~98Ω。

③主继电器触点的检测：把蓄电池的正、负极分别接到继电器的“85”和“86”端子，此时应该听到继电器触点的闭合声响，再用万用表的电阻档测量继电器的 30 端子和______端子，则万用表的读数是______Ω。

2）凸轮轴位置传感器搭铁线的检测：

① 点火开关打到 OFF 档。拆卸凸轮轴位置传感器插接器，把万用表旋到______档，万用表黑表笔接搭铁，红表笔测量传感器插头的 C 端子，此时万用表显示的电阻值应接近于 0Ω，实际显示电阻值为______Ω。如果此时万用表测量的电阻值不符合规定值，应进一步检测传感器的搭铁线通断情况。

② 把万用表旋到电阻档，点火开关置于“OFF”档，拔下凸轮轴位置传感器插接器，红表笔接触传感器的 C 端子，黑表笔接触 ECU 输出端子______座孔，此时万用表显示的电阻值应接近于 0Ω，实际显示电阻值为______Ω。如果此时万用表显示数值为无穷大，说明凸轮轴位置传感器搭铁线______，应把它连接好。

3）凸轮轴位置传感器电源线的检测：

① 电源线电压检测：把万用表旋到“20V”直流电压档，点火开关置于 OFF 档，拔下凸轮轴位置传感器的插接器，点火开关置 ON 位，红表笔接触传感器 A 端子，黑表笔接______，此时万用表显示的电压应该为蓄电池电压，实际显示电压值为______V。如果此时测量到的电压不符合规定值，应进一步检测凸轮轴位置传感器电源线的通断情况。

② 电源线线路状态检测：把万用表旋到“200Ω”电阻档，关闭点火开关，拔下凸轮轴位置传感器插接器，红表笔接触凸轮轴位置传感器 A 端子，黑表笔接触主继电器 87 输出端子座孔，万用表显示的电阻值应接近 0Ω，实际万用表所测量得的电阻值为______Ω。如果此时万用表显示数值为无穷大，说明凸轮轴位置传感器电源线______，应把它连接好。

4）凸轮轴位置传感器信号线的检测：

① 点火开关置于 OFF 档，拔下凸轮轴位置传感器的插接器，打开点火开关于______档，把万用表旋到______档，用万用表红表笔接触凸轮轴位置传感器插头的 B 端子，黑表笔搭

铁，此时万用表读数为______，参考信号电压应为5.0V。如果此时万用表测量的电压值不符合规定值，应进一步检测传感器的信号线通断情况。

② 信号线状态检测：点火开关位于______档，拔下凸轮轴位置传感器的插接器，把万用表旋到______档，两表笔分别接触凸轮轴位置传感器插头的B端子和ECU的B22端子，此时万用表显示的电阻值应接近于0Ω，实际显示电阻值为______Ω。如果此时万用表显示数值为无穷大，说明凸轮轴位置传感器信号线______，应把它连接好。

5）凸轮轴位置传感器信号电压检测：

把凸轮轴位置传感器的接插器装回，把万用表旋到______档，红色表笔接触示教板上ECU端子B22，黑表笔接触示教板上的ECU端子B17，起动发动机，万用表读数为______V，说明凸轮轴位置传感器______。如果凸轮轴位置传感器线路正常，安装间隙正常，但无信号输出，则说明凸轮轴位置传感器损坏。

【制订计划】

一、根据凸轮轴位置传感器控制电路图，列举凸轮轴位置传感器控制电路的故障原因。

____

____

____

____

____

二、以小组讨论的方式，制订合理的凸轮轴位置传感器的故障检修流程（用“①、②、③…”在上述列举出的故障原因中按顺序编号即可）。

三、在下表中选择在检修中可能用到的工量具（在对应的选项中打√即可）。

工量具名称	选　择	
万用表	□可能	□不可能
测试灯	□可能	□不可能
尖嘴钳	□可能	□不可能
跨接线	□可能	□不可能
十字螺钉旋具	□可能	□不可能
手电筒	□可能	□不可能
一字螺钉旋具	□可能	□不可能
120件套常用工具	□可能	□不可能
其他（请填写具体名称）		

四、要完成本工作任务，你认为下表中哪些事项是必须要遵守的请在相应的位置打√。

注意事项	选择	
工量具整齐摆放不搁地	□是	□否
“零件、油、水”不落地	□是	□否
跨接线测试时，谨防短路现象	□是	□否
万用表校零	□是	□否
及时记录维修数据	□是	□否
维修工作完成后需要进行工作现场“6S”管理	□是	□否
其他		

五、任务分工，请在任务分工表中填写相应职责人员的姓名。

任务分工表

序号	组长	记录员	操作员	备注
1				
2				
3				
4				

【实施计划】

一、结合本小组制订的检修顺序，对凸轮轴位置传感器控制电路进行检测与维修，并完成下列表格的填写（表格中检测部位的顺序不一定是标准顺序）。

序号	检测部位	检测数据	结果判断
1	蓄电池电压		
2	凸轮轴位置传感器电源电压：传感器 A 端子搭铁电压		
3	凸轮轴位置传感器搭铁线电阻：传感器 C 端子搭铁电阻		
4	凸轮轴位置传感器信号参考电压：传感器 B 端子搭铁电压		
5	起动发动机，凸轮轴位置传感器信号电压 B22 端子与 B17 端子的电压		
6	凸轮轴位置传感器 A 端与继电器 87 端子的电阻		
7	凸轮轴位置传感器信号线 B 端子与 B22 端子的电阻		
8	凸轮轴位置传感器 C 端子与 B17 端子的电阻		
9	ECU		

二、根据上述的所有检测结果，确定故障内容并完成下列表格的填写。

1. 确定的故障部位是：

元件损坏	1）
	2）
	3）
线路故障	1）
	2）
	3）
其他 （请详细写明）	1）
	2）
	3）

2. 故障点的排除处理说明（在下列选项中打√即可）：

故障点		故障点处理方法		
序号	故障名称			
故障 1		□更换	□维修	□调整
故障 2		□更换	□维修	□调整
故障 3		□更换	□维修	□调整
故障 4		□更换	□维修	□调整

【检查与考评】

观察员根据操作员的工作过程评分，具体评分细则见下表。

凸轮轴位置传感器检测与维修操作考评表

序号	项目	考核内容	配分	扣分	得分
1	仪容仪表	着装、表情态度	5		
2	学习态度	学习准备、课堂参与度	10		
3	6S 规程	遵守安全操作规程，工量具仪器不落地，物品摆放整齐	10		
4	检测方案	方案正确、实用、有效	15		
5	测量方法	方法正确得当、测量数据准确	25		
6	测量结果	能排除故障	25		
7	安全生产	无人身和设备安全事故发生	10		
		总分	100		
评分人：		日期： 年 月 日			

【评价反馈】

一、自我评价：

我做得好的地方	我还存在这些方面的问题
□测量部位准确	□动作不到位
□工具使用规范	□工具使用不规范
□拆装步骤熟悉	□拆装步骤不熟悉
□检测步骤熟悉	□检测步骤不熟悉
□零件摆放整齐	□工具摆放不整齐
□操作用时合理	□操作用时过长
□工作态度端正	□工作态度不够端正

二、小组评价：

我们组做到了：□全员参与　　□分工明确

□工作高效　　□完成了工作任务

三、教师评价：

评 价 内 容	评 价 指 标	星级评定（在相应的等级打√）
1. 活动态度方面	1）态度是否积极，是否主动组织或参与活动 2）与小组同学合作是否良好 3）活动是否认真、善始善终 4）是否勇于克服困难	□一级：☆☆☆☆☆ □二级：☆☆☆☆ □三级：☆☆☆ □四级：☆☆
2. 知识技能方面	1）查阅资料技能 2）实地观察记录能力 3）调查研究能力 4）整理材料能力	□一级：☆☆☆☆☆ □二级：☆☆☆☆ □三级：☆☆☆ □四级：☆☆

【知识巩固】

一、选择题

1. 凸轮轴位置传感器的作用是检测气缸（　　）位置信号。

A. 压缩上止点　　B. 排气上止点

C. 进气开启点　　D. 做功完成

2. 五菱宏光汽车 B12 发动机不喷油、不点火，技师甲说可能是曲轴位置传感器失效，技师乙说可能是凸轮轴位置传感器失效，你认为谁的判断正确？（　　）

A. 甲正确　　B. 乙正确

C. 甲乙都正确　　D. 甲乙都不正确

3. 五菱宏光汽车发动机的凸轮轴位置传感器线路接触不良时，发动机（　　）。

A. 无异常　　B. 不点火

C. 起动机不工作　　D. 冒蓝烟

二、判断题

1. 凸轮轴位置传感器的功用是检测车轮位置和转角，便于四轮定位。（　　）

2. 大多数汽车将曲轴与凸轮轴两种位置传感器制作成一体。（　　）

3. 曲轴与凸轮轴两种位置传感器中，相同类型传感器的工作原理是相同的。（　　）

4. 霍尔式凸轮轴位置传感器信号的电压幅值和频率随发动机转速的增大而增大。（　　）

任务六 冷却液温度传感器的检测与更换

【任务描述】

李先生驾驶的五菱宏光汽车总是起动困难，特别是温度较低时，起动困难的现象更加明显，即使起动成功后也会出现怠速不稳、冷却液温度表指示针不动，故障指示灯常亮。4S店的维修技师根据故障现象用解码仪读取故障码为P0116，内容为冷却液温度传感器信号不合理故障。对此，维修技师初步判断导致该车辆故障的可能是冷却液温度传感器出现了故障。我们的工作任务是对该车的冷却液温度传感器进行诊断与排除。

【学习目标】

1. 能叙述冷却液温度传感器的作用、结构、类型和工作原理；
2. 能绘制冷却液温度传感器电路图，根据电路图能分析冷却液温度传感器故障的原因；
3. 能制订冷却液温度传感器的检修流程；
4. 借助电路图对冷却液温度传感器故障进行诊断与排除；
5. 会填写工作页，记录检修结果。

【学习重点】

1. 绘制冷却液温度传感器控制电路图，根据电路图分析冷却液温度传感器的故障原因；
2. 制订冷却液温度传感器的检修流程。

【学习难点】

借助电路图对冷却液温度传感器故障进行诊断与排除。

【知识准备】

一、冷却液温度传感器概述

冷却液温度传感器一般安装在发动机缸体水套或冷却液水道上（出水口），与冷却液接触，如图3-15所示。

冷却液温度传感器测定冷却液温度，并向ECU输送对应的电信号。ECU据此判别发动机处于什么工况（冷车、暖机、热机），进而修正基本喷油量和点火时刻。

五菱宏光汽车发动机装配的冷却液温度传感器电路包含ECU、冷却液温度表、冷却液温度传感器及相关线路等，其控制电器组成如图 3-16 所示。

图 3-15　冷却液温度传感器安装位置

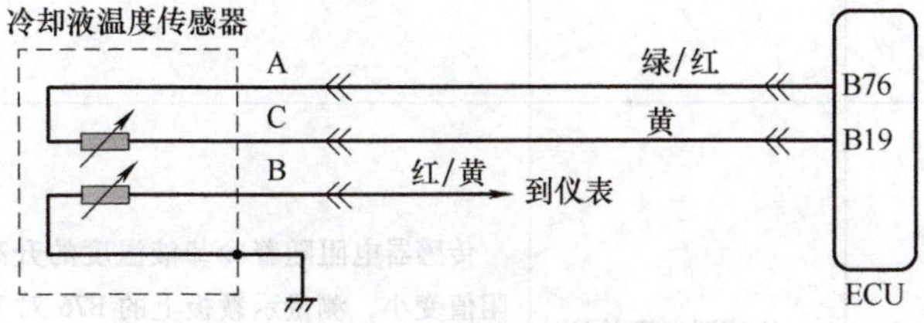

图 3-16　冷却液温度传感器控制电路图

冷却液温度传感器共包含 3 个端子 A、B、C，A 端子是传感器冷却液温度电源信号线，接入 ECU 端子 B76；C 端子是传感器搭铁线，接入 ECU 端子 B19，B 端子是冷却液温度表控制线，输送至仪表。冷却液温度传感器的接线端子图，如图 3-17 所示。

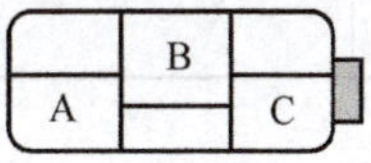

图 3-17　冷却液温度传感器的接线端子图

冷却液温度传感器是负温度系数的热敏电阻，当温度传感器的电阻值随冷却液的温度变化时，信号线上的电压也随之改变。温度低时，电阻值高，输出电压高；反之温度高时，电阻值低，输出电压低。ECU 控制开启散热器风扇工作的温度约为 93℃。

冷却液温度传感器的检测方法有以下两种：

1）电阻法：用万用表检测进气温度传感器在不同温度下的阻值；

2）电压法：用万用表直流电压档测量传感器的输出电压，此电压随温度升高而降低。

二、冷却液温度传感器电路的检测分析

冷却液温度传感器电路的检测分析方法见下表。

序号	检测内容	检测方法	检测图示
1	电源线电压检测	拔下冷却液温度传感器的插接器，置点火开关 ON 位，测量 A 端子搭铁电压约为 5.0V	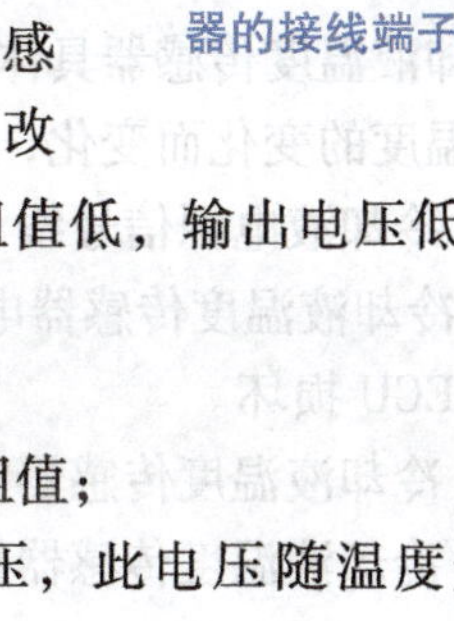

（续）

序号	检测内容	检测方法	检测图示
2	信号电压检测	装回传感器插接器，接通点火开关，起动发动机，测量示教板 B76 对 B19 之间的信号电压。信号电压应随着冷却液温度的上升而减小，应在 1.5 ~5.0V 之间变化	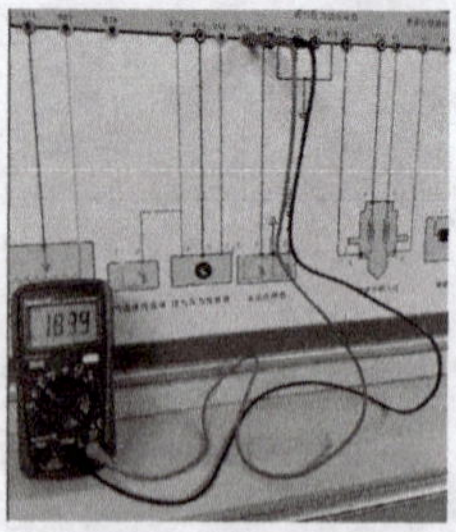
3	传感器电阻检测	传感器电阻随着冷却液温度的升高，其阻值变小，测量示教板上的 B76 对 B19 的电阻值应随着冷却液温度的升高在 13.71 ~0.303kΩ 之间变化	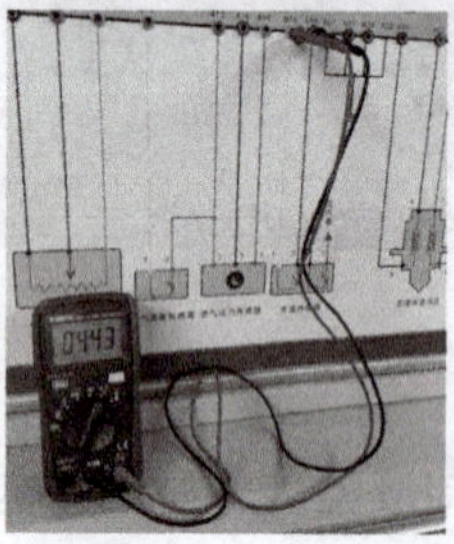

三、冷却液温度传感器的故障原因

冷却液温度传感器具体的故障形式是信号电压的输出不正常，表现在信号电压没有随着冷却液温度的变化而变化，或者电压信号不在正常范围内，可能的故障原因有：

1）冷却液电源信号线 A 端子无电；

① 冷却液温度传感器电源信号线 A 端子至 B76 线路断路或搭铁；

② ECU 损坏。

2）冷却液温度传感器 C 端子至 B19 的线路断路；

3）冷却液温度传感器损坏。

【信息收集】

一、现场感受任务描述中的情景，把观察到的现象用几个关键词写出来。

二、明确工作任务，收集信息

1. 我们的学习任务是什么？冷却液温度传感器的作用是什么？

1）学习任务

2）冷却液温度传感器的作用

____

____

____

____

2. 为顺利完成本学习任务，请按要求完成下列信息的收集。

1）绘制冷却液温度传感器控制电路图，分析冷却液温度传感器的控制原理。

① 冷却液传感器控制电路图：

② 冷却液温度传感器的控制原理分析。

____

____

____

____

____

____

2）写出冷却液温度传感器的测量方法。

____

____

____

____

____

____

3. 对照自己所绘制的冷却液温度传感器控制电路图，在车辆上找到相对应元件或线路的具体位置，并完成下列填空。

1）冷却液温度传感器：安装在__________，有_____个接线端子，分别是_____端子、_____端子。

2）冷却液温度传感器信号电源的 A 端子连接到 ECU 的_____端子，线的颜色是_____。

3）冷却液温度传感器搭铁 C 端子连接到 ECU 的_____端子，线的颜色是_____。

4）冷却液温度传感器 B 端子至仪表的线的颜色是_____。

4. 结合下列引导性的步骤，完成冷却液温度传感器控制电路的检测。

1）观察冷却液温度传感器的接线端子，画出端子的外形图，并且标注端子的代号。

绘制冷却液温度传感器端子图

2）冷却液温度传感器电源线的检测：

点火开关打到 OFF 档，拆卸冷却液传感器插接器，把万用表旋到______档，点火开关打到 ON 档，万用表黑表笔接搭铁，红表笔测量传感器插头的 A 端子，此时万用表的读数为______，参考标准电压为 5.0V。如果此时测量到的电压不符合规定值，应进一步检测冷却液传感器电源线的通断情况或者是检查________输出端的电压值。

把万用表旋到电阻档，关闭点火开关，拔下冷却液传感器插接器，红表笔接触冷却液温度传感器的“A 端”，黑表笔接触 ECU 输出端子______座孔，此时万用表显示的电阻值应接近于 0Ω，实际显示电阻值为______Ω。如果此时万用表显示数值为无穷大，说明冷却液传感器电源线______，应把它连接好。

3）冷却液温度传感器搭铁线的检测：

点火开关打到 OFF 档。拆卸冷却液温度传感器插接器，把万用表旋到______档，万用表黑表笔接搭铁，红表笔测量传感器插头的 C 端子，此时万用表显示的电阻值应接近于 0Ω，实际显示电阻值为______Ω。如果此时万用表测量的电阻值不符合规定值，应进一步检测传感器的搭铁线通断情况。

把万用表旋到电阻档，关闭点火开关，拔下冷却液温度传感器插接器，红表笔接触传感器 C 端子，黑表笔接触 ECU 输出端子______座孔，此时万用表显示的电阻值应接近于 0Ω，实际显示电阻值为______Ω。如果此时万用表显示数值为无穷大，说明冷却液温度传感器搭铁线______，应把它连接好。

4）冷却液温度传感器信号电压的检测：

将冷却液温度传感器插接器接好，引出冷却液温度传感器端子的 A 和 C，冷机状态时，打开点火开关到 ON 档，把万用表旋到______档，两表笔分别接触冷却液温度传感器引出端子的 A 和 C，万用表显示电压值为______V。起动发动机，让发动机冷却液温度上升，温度到达 80℃左右时，两表笔再次分别接触冷却液温度传感器引出端子的 A 和 C，万用表显示电压值为______V，信号电压应随着冷却液温度的升高而逐渐________，且在标准范围内，说明冷却液温度传感器良好。

5）冷却液温度传感器电阻值的检测：

点火开关置于 OFF 档，常温状态下，把万用表旋到______档，两表笔分别接触冷却液温度传感器端子的 A 和 C，万用表显示电阻值为______Ω，起动一段时间后，冷却液温度逐渐升高到80℃左右时，关闭点火开关，把万用表旋到______档，两表笔分别接触冷却液温度传感器端子的A和C，万用表显示电阻值为______Ω，传感器电阻随着冷却液温度的升高而逐渐______。

【制订计划】

一、根据冷却液温度传感器控制电路图，列举冷却液温度传感器信号不准故障的原因。

____

____

____

____

____

____

____

____

二、以小组讨论的方式，制订合理的冷却液温度传感器的故障检修流程（用“①、②、③…”在上述列举出的故障原因中按顺序编号即可）。

三、在下表中选择在检修中可能用到的工量具（在对应的选项中打√即可）。

工量具名称	选　择	
万用表	□可能	□不可能
测试灯	□可能	□不可能
尖嘴钳	□可能	□不可能
跨接线	□可能	□不可能
十字螺钉旋具	□可能	□不可能
一字螺钉旋具	□可能	□不可能
手电筒	□可能	□不可能
其他（请填写具体名称）		

四、要完成本工作任务，你认为下表中哪些事项是必须要遵守的？请在□打√。

注 意 事 项	选　择	
工量具整齐摆放不搁地	□是	□否
“零件、油、水”不落地	□是	□否
跨接线测试时，谨防短路现象	□是	□否
万用表校零	□是	□否
及时记录维修工作数据	□是	□否
维修工作完成后需要进行工作现场“6S”管理	□是	□否
其他		

五、任务分工，请在任务分工表中填写相应职责人员的姓名。

任务分工表

序　号	组　长	记 录 员	操 作 员	备　注
1				
2				
3				
4				

【实施计划】

一、根结合本小组制订的检修计划，对冷却液温度传感器信号不正常故障进行检测与维修，并完成下列表格的填写（表格中检测部位的顺序不一定是标准顺序）。

序　号	检 测 部 位	检 测 数 据	结 果 判 断
1	蓄电池电压		
2	冷却液温度传感器电源线电压		
3	冷却液温度传感器搭铁线 C 端子搭铁电阻		
4	冷却液温度传感器信号线 A-C 的信号电压（常温未启动时）		
5	冷却液温度传感器信号线 A-C 的电压（冷却液温度到达 80℃左右时）		
6	冷却液温度传感器电源线 A-B76（端对端测阻值）		
7	冷却液温度传感器搭铁线 C-B19（端对端测阻值）		
8	冷却液温度传感器电阻 A-C 的电阻（测量未起动时）		
9	冷却液温度传感器电阻 A-C 的电阻（冷却液升温到 80℃左右时）		

二、根据上述的所有检测结果，确定故障内容并完成下列表格的填写。

1. 确定的故障部位是：

元件损坏	1)
	2)
	3)
线路故障	1)
	2)
	3)
其他 （请详细写明）	1)
	2)
	3)

2. 故障点的排除处理说明（在下列选项中打√即可）：

故障点		故障点处理方法		
序 号	故障名称			
故障1		□更换	□维修	□调整
故障2		□更换	□维修	□调整
故障3		□更换	□维修	□调整
故障4		□更换	□维修	□调整

【检查与考评】

观察员根据操作员的工作过程评分，具体评分细则见下表。

冷却液温度传感器检测与维修操作考评表

序号	项 目	考核内容	配分	扣分	得分
1	仪容仪表	着装、表情态度	5		
2	学习态度	学习准备、课堂参与度	10		
3	6S 规程	遵守安全操作规程，工量具仪器不落地，物品摆放整齐	10		
4	检测方案	方案正确、实用、有效	15		
5	测量方法	方法正确得当、测量数据准确	25		
6	测量结果	能排除故障	25		
7	安全生产	无人身和设备安全事故发生	10		
		总分	100		
评分人:		日期： 年 月 日			

【评价反馈】

一、自我评价：

我做得好的地方	我还存在这些方面的问题
□测量部位准确	□动作不到位
□工具使用规范	□工具使用不规范
□拆装步骤熟悉	□拆装步骤不熟悉
□检测步骤熟悉	□检测步骤不熟悉
□零件摆放整齐	□工具摆放不整齐
□操作用时合理	□操作用时过长
□工作态度端正	□工作态度不够端正

二、小组评价：

我们组做到了：□全员参与　　□分工明确

□工作高效　　□完成了工作任务

三、教师评价：

评价内容	评价指标	星级评定（在相应的等级打√）
1. 活动态度方面	1）态度是否积极，是否主动组织或参与活动 2）与小组同学合作是否良好 3）活动是否认真、善始善终 4）是否勇于克服困难	□一级：☆☆☆☆☆ □二级：☆☆☆☆ □三级：☆☆☆ □四级：☆☆
2. 知识技能方面	1）查阅资料技能 2）实地观察记录能力 3）调查研究能力 4）整理材料能力	□一级：☆☆☆☆☆ □二级：☆☆☆☆ □三级：☆☆☆ □四级：☆☆

【知识巩固】

选择题

1. 负温度系数的热敏电阻其阻值随温度的升高而（　　）。

   A. 升高　　B. 降低
   C. 不受影响　　D. 先高后低

2. 发动机温度过高除冷却系统本身外，其他系统的原因有（　　）。

   A. 点火时间过迟
   B. 汽车使用条件的影响（道路、气候及负荷等）
   C. 燃烧室积炭过多
   D. 发动机机油量不足

3. （　　）用来改变冷却液的循环路线及流量，自动调节冷却的温度。

   A. 水泵　　B. 风扇
   C. 散热器　　D. 节温器

4. 下列哪个不是冷却液温度传感器引起的故障现象（　　）

   A. 冷却风扇一直不工作　　B. 发动机异响
   C. 冷起动困难　　D. 冷却液温度表指针一直不变

5. 冷却液温度传感器安装在（　　）。

   A. 进气管道上　　B. 排气管道上
   C. 水道上　　D. 油底壳上

6. 五菱宏光汽车 B12 发动机冷却风扇开启的温度是（　　）。

   A. 85℃　　B. 20℃　　C. 93℃　　D. 87℃

任务七
氧传感器的检测与更换

【任务描述】

一辆五菱宏光汽车，车主反映：发动机故障指示灯常亮，油耗过高，车辆在进行尾气检查时发现尾气排放超标。维修技师通过使用故障诊断仪初步检查，检测出与氧传感器相关的故障码，现需要对氧传感器及其电路进行故障诊断与排除。

【学习目标】

1. 能准确叙述氧传感器的作用，并在台架上找出氧传感器的安装位置；
2. 能叙述氧传感器的基本构造和工作原理；
3. 能绘制氧传感器控制电路图；
4. 能借助电路图分析氧传感器故障；
5. 会诊断氧传感器及其相关线路故障；
6. 会更换氧传感器。

【学习重点】

1. 绘制氧传感器控制电路图；
2. 借助电路图分析氧传感器故障；
3. 制订氧传感器的检修流程。

【学习难点】

借助电路图对氧传感器故障进行诊断与排除。

【知识准备】

一、氧传感器概述

氧传感器用来检测尾气中的氧含量，向 ECU 提供闭环控制信号。

氧传感器安装在排气管上。

氧传感器电路包含 ECU、氧传感器、相关线路和 ECU 等，其控制电路图如图 3-18 所示。

氧传感器共包含 4 个端子，②端子是电源线，来自主控继电器输出；④端子是搭铁线，接入 ECU 端子 A35；③端子是传感器信号线 B，接入 ECU 端子 B15；①端子是传感器信号线 A。氧传感器的接线端子如图 3-19 所示。

氧传感器为带孔隙的陶瓷管，管壁外侧被发动机机排气包围，内侧通大气，并带有电加热器。当内外侧的氧浓度较大时，就会在两极之间产生电动势，浓度差越大，电动势越大。信号电压0.45V以上为1（浓信号），信号电压0.45V以下为0（稀薄信号）。

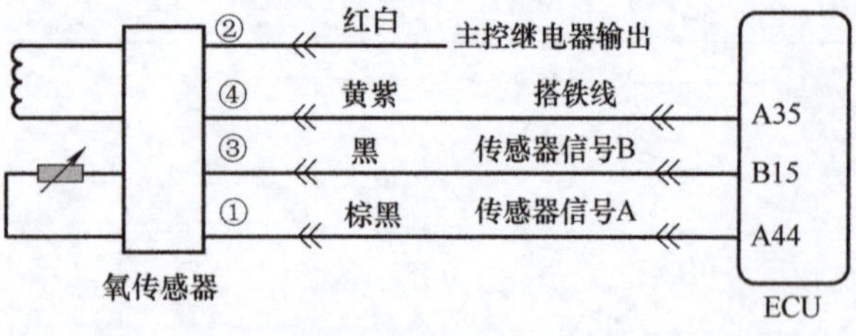

图3-18　氧传感器电路图

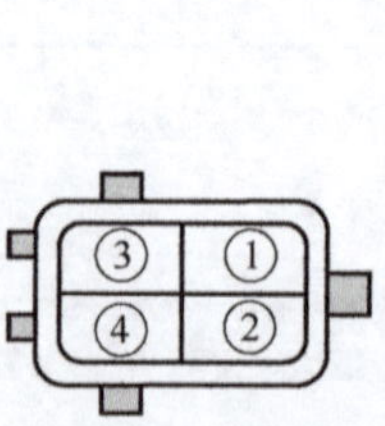

图3-19　氧传感器的接线端子图

二、氧传感器电路的检测分析

氧传感器电路的检测分析详见下表。

序号	检测内容	检测方法	检测图示
1	电压检测	拔下氧传感器的插接器，置点火开关于ON档，测量②端子搭铁电压应为12V	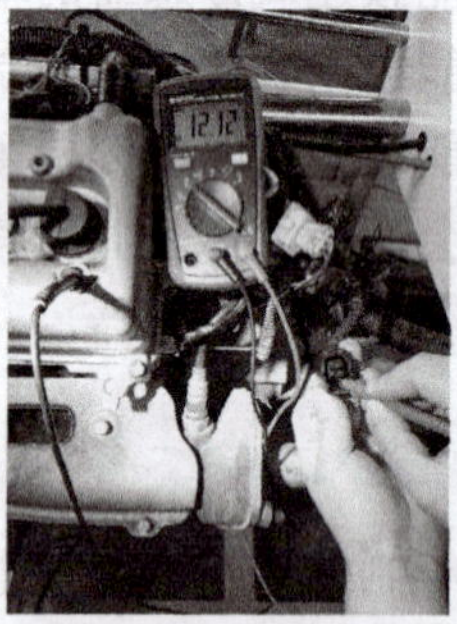
2	信号检测	装回氧传感器插接器，起动发动机至正常工作温度，测量③端子与①端子之间的信号电压，应在0.1～0.9V之间变化	

三、氧传感器的故障原因

氧传感器具体的故障形式是电压信号不在正常范围内，故障原因有：

1）氧传感器故障；

2）氧传感器信号线③端子至ECU的B15端子之间的线路断路；

3）氧传感器信号线①端子至ECU的A44端子之间的线路断路。

四、氧传感器的检测方法

1. 电压法

1）传感器②端子电压的检测：用万用表检测②端子搭铁电压，应为蓄电池电压；

2）起动发动机至正常工作温度，用万用表检测传感器③端子与①端子之间的信号电压，应在0.1~0.9V之间变化。

2. 电阻法

用万用表测氧传感器②端子与④端子之间的电阻，应为8~15Ω。

【信息收集】

一、现场感受任务描述中的情景，把观察到的现象用几个关键词写出来。

____

____

二、明确工作任务，收集信息。

1. 我们的学习任务是什么？氧传感器的作用是什么？

1）学习任务：

____

____

____

2）氧传感器的作用：

____

____

____

2. 为顺利完成本学习任务，请按要求完成下列信息的收集。

1）绘制氧传感器控制电路图，分析氧传感器的控制原理。

① 氧传感器控制电路图：

② 氧传感器的控制原理分析：

____

____

____

____

____

2）写出氧传感器的检测方法：

3. 对照自己所绘制的氧传感器控制电路图，在车辆上找到相对应元件或线路的具体位置，并完成下列填空。

1）氧传感器：安装在____________，有______个接线端子，分别是______端子、______端子、______端子和______端子。

2）氧传感器电源线①端子连接到______端子，线的颜色是______。

3）氧传感器搭铁线②端子连接到 ECU 的______端子，线的颜色是______。

4）氧传感器信号线③端子连接到 ECU 的______端子，线的颜色是______。

5）氧传感器信号线④端子连接到 ECU 的______端子，线的颜色是______。

4. 结合下列引导性的步骤，完成氧传感器控制电路的检测。

1）观察氧传感器的接线端子，画出端子的外形图，并且标注端子的代号。

请绘制氧传感器端子图

2）氧传感器电源线的检测：

点火开关置于 OFF 档。拆下氧传感器插接器，把万用表功能量程旋钮旋到______档，点火开关置于 ON 档，万用表黑表笔搭铁，红表笔测量传感器插接器的①端子，此时万用表的读数为______，参考电压约为 12V。

3）氧传感器加热搭铁线的检测：

点火开关置于 OFF 档。拆下氧传感器插接器，把万用表功能量程旋钮旋到______档，万用表黑表笔搭铁，红表笔测量传感器插接器的②端子，此时万用表显示的电阻值应接近于 0Ω，实际显示电阻值为______Ω。如果此时万用表测量的电阻值不符合规定值，应进一步检测传感器的搭铁线通断情况。

4）氧传感器信号电压的检测：

引出氧传感器③、①端子，起动发动机至正常温度，把万用表功能量程旋钮旋到______

档，红黑表笔分别接触引出端子③和①，此时万用表显示信号电压为______V。

【制订计划】

一、根据氧传感器控制电路图，列举氧传感器的故障原因：

______

______

______

______

______

______

______

二、以小组讨论的方式，制订合理的氧传感器故障的检修计划。

①

②

③

…

三、在下表中选择在检修中可能用到的工量具（在对应的选项中打√即可）。

工量具名称	选　择	
万用表	□可能	□不可能
测试灯	□可能	□不可能
尖嘴钳	□可能	□不可能
跨接线	□可能	□不可能
十字螺钉旋具	□可能	□不可能
一字螺钉旋具	□可能	□不可能
手电筒	□可能	□不可能
其他（请填写具体名称）		

四、要完成本工作任务，你认为下表中哪些事项是必须要遵守的？请在□打√。

注 意 事 项	选　择	
工量具整齐摆放不搁地	□是	□否
“零件、油、水”不落地	□是	□否
跨接线测试时，谨防短路现象	□是	□否
万用表校零	□是	□否
及时记录维修工作数据	□是	□否
维修工作完成后需要进行工作现场“6S”管理	□是	□否
其他		

五、任务分工，请在任务分工表中填写相应职责人员的姓名。

任务分工表

序　号	组　长	记 录 员	操 作 员	备　注
1				
2				
3				
4				

【实施计划】

一、结合本小组制订的检修计划，对氧传感器故障进行检测与维修，并完成下列表格的填写（表格中检测部位的顺序不一定是标准顺序）。

序　号	检 测 部 位	检 测 数 据	结 果 判 断
1	氧传感器搭铁线④端子搭铁电阻		
2	氧传感器电源线②端子搭铁电压		
3	氧传感器②端子- A66 的电阻		
4	氧传感器④端子- A35 的电阻		
5	氧传感器③端子- B15 的电阻		
6	氧传感器①端子- A44 的电阻		
7	起动发动机至正常温度，检测氧传感器端子③与①端子的信号电压		
8	测量氧传感器端子②与④端子的电阻		

二、根据上述的所有检测结果，确定故障内容并完成下列表格的填写。

1. 确定的故障部位是：

元件损坏	1）	
	2）	
	3）	
线路故障	1）	
	2）	
	3）	
其他（请详细写明）	1）	
	2）	
	3）	

2. 故障点的排除处理说明（在下列选项中打√即可）：

故障点		故障点处理方法		
序号	故障名称			
故障1		□更换	□维修	□调整
故障2		□更换	□维修	□调整
故障3		□更换	□维修	□调整
故障4		□更换	□维修	□调整

【检查与考评】

观察员根据操作员的工作过程评分，具体评分细则见下表。

氧传感器的检查与更换操作考评表

序号	项目	考核内容	配分	扣分	得分
1	仪容仪表	着装、表情态度	5		
2	学习态度	学习准备、课堂参与度	10		
3	6S规程	遵守安全操作规程，工量具仪器不落地，物品摆放整齐	10		
4	检测方案	方案正确、实用、有效	15		
5	测量方法	方法正确得当、测量数据准确	25		
6	测量结果	能排除故障	25		
7	安全生产	无人身和设备安全事故发生	10		
总分			100		
评分人：		日期：　年　月　日			

【评价反馈】

一、自我评价：

我做得好的地方	我还存在这些方面的问题
□测量部位准确	□动作不到位
□工具使用规范	□工具使用不规范
□拆装步骤熟悉	□拆装步骤不熟悉
□检测步骤熟悉	□检测步骤不熟悉
□零件摆放整齐	□工具摆放不整齐
□操作用时合理	□操作用时过长
□工作态度端正	□工作态度不够端正

二、小组评价：

我们组做到了：□全员参与　　□分工明确

□工作高效　　□完成了工作任务

三、教师评价：

评价内容	评价指标	星级评定（在相应的等级打√）
1. 活动态度方面	1）态度是否积极，是否主动组织或参与活动 2）与小组同学合作是否良好 3）活动是否认真、善始善终 4）是否勇于克服困难	□一级：☆☆☆☆☆ □二级：☆☆☆☆ □三级：☆☆☆ □四级：☆☆
2. 知识技能方面	1）查阅资料技能 2）实地观察记录能力 3）调查研究能力 4）整理材料能力	□一级：☆☆☆☆☆ □二级：☆☆☆☆ □三级：☆☆☆ □四级：☆☆

【知识巩固】

选择题

1. 加热型氧传感器的更换周期一般约为（　　）。

A. 20000km　　B. 50000km　　C. 80000km　　D. 100000km

2. B12 发动机的加热型氧传感器中的加热器线圈电阻为（　　）Ω。

A. 1～5　　B. 5～8　　C. 8～15　　D. 15～20

3. 检查有无氧传感器故障记录，用诊断仪读取氧传感器数据流，信号电压应在（　　）V 之间不断地变化。

A. 0.1～0.9　　B. 0.4～0.5　　C. 1～9　　D. 4～5

4. 氧传感器信号检查时，如电压持续（　　），则说明混合气过浓或传感器被污染。

A. 偏高　　B. 偏低　　C. 不变　　D. 无法确定

5. 空燃比传感器是一种新型的氧传感器，在检测该传感器时应使用（　　）来进行。

A. 试灯　　B. 万用表

C. 四轮定位仪　　D. 汽车故障诊断仪

6. 主氧传感器，用于喷油量的“（　　）调节”

A. 开环　　B. 闭环　　C. 双环　　D. 无法确定

7. 三元催化转化器的工作效率的（　　），会造成汽车尾气排放物的超标。

A. 提高　　B. 降低　　C. 不变　　D. 无法确定

8. 当两个氧传感器的信号差别较小时，则说明三元催化转化器（　　）。

A. 工作正常　　B. 已经失效　　C. 已经松动　　D. 已经泄漏

9. 用红外测温仪测量三元催化转化器前、后排气管的温度，在三元催化转化器正常工作时，后端温度应比前端温度至少高出 38℃，若后端温度等于或低于前端温度，则说明（　　）。

A. 在三元催化转化器内无氧化反应发生

B. 二次空气喷射系统可能有故障

C. 排气系统有泄漏

D. 可燃混合气过稀

10. 三元催化转化器芯堵塞的检查方法有（　　）。

A. 检测进气歧管真空度法

B. 检测排气背压法

C. 检测三元催化转化器前后的温度

D. 用尾气分析仪检测进气管中是否有 HC

任务八
爆燃传感器的检测与更换

【任务描述】

李先生驾驶的五菱宏光汽车，最近出现发动机发出“蹦蹦”爆燃的声音，同时伴随着发动机敲缸“咣当，咣当”的金属敲击声，发动机故障灯点亮，原地加速发动机只能达到3000r/min，行车加速无力，排气管发出浓臭的味道。根据以上故障现象，初步判断是爆燃传感器故障。现在，我们的工作任务是对这辆车的爆燃传感器故障进行诊断与排除。

【学习目标】

1. 能叙述爆燃传感器的作用、结构、类型和工作原理；
2. 能绘制爆燃传感器电路图，根据电路图分析爆燃传感器的故障原因；
4. 能制订爆燃传感器故障的检修流程；
5. 能借助电路图对爆燃传感器进行诊断与排除；
6. 会填写工作页，记录检修结果。

【学习重点】

1. 借助电路图分析爆燃传感器的故障原因；
2. 制订爆燃传感器的检修流程。

【学习难点】

借助电路图对爆燃传感器进行诊断与排除。

【知识准备】

一、爆燃传感器概述

爆燃传感器安装在发动机缸体中间，如果是四缸发动机则安装在2缸和3缸之间，或者1缸、2缸中间的一个以及3缸、4缸中间的一个，如图3-20所示。

图3-20　爆燃传感器安装位置

爆燃传感器用来检测发动机工作时是否产生爆燃，并且根据爆燃传感器的信号调整点火时刻使汽油发动机工作在临界爆燃状态。

五菱宏光汽车爆燃传感器电路包含ECU、爆燃传感器及相关线路等，其控制电器组成如图3-21

所示。

爆燃传感器共包含三个端子 1、2、3。1 端子是爆燃传感器的信号正极端，接入 ECU 端子 A42；2 端子是传感器信号负极端，接入 ECU 端子 A12，信号线正负极间的电压值在 0 ~ 1.0V 之间。3 端子是爆燃传感器信号屏蔽线，接入 ECU 端子 A11，它的作用是防止爆燃信号电压被干扰。爆燃传感器传感器的接线端子如图 3-22 所示。

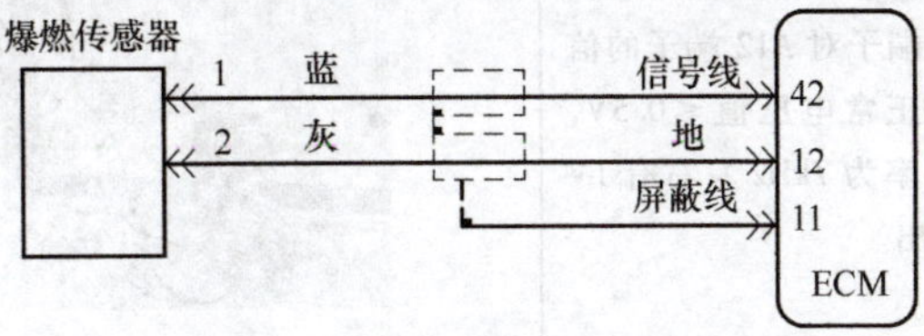

图 3-21　爆燃传感器电路图

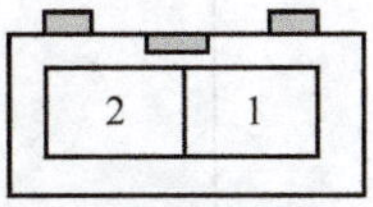

图 3-22　爆燃传感器的接线端子

发动机的气缸体出现振动时，爆燃传感器在 7kHz 左右处与发动机产生共振，强磁性材料铁心的导磁率发生变化，致使永久磁铁穿过铁心的磁通密度也变化，从而在铁心周围的线圈中产生感应电动势，并将这一电信号输入 ECM。当控制单元接收到这些频率时，ECM 重新修正点火正时，以阻止继续爆燃。

二、爆燃传感器控制电路的检测分析

爆燃传感器控制电路的检测分析详见下表：

序号	检测内容		检测方法	检测图示
1	信号正极线状态检测	信号线正极线检测	点火开关位于 OFF 档，拔下爆燃传感器的插接器，置点火开关于 ON 位，用万用表直流电压档测量 1 端子搭铁电压应为≤0.5V	
2	信号负极线状态检测	信号负极线检测	点火开关位于 OFF 档，拔下爆燃传感器的插接器，用万用表电阻档测量 2 端子的搭铁电阻，电阻阻值应为 1Ω 左右	

（续）

序号	检测内容		检测方法	检测图示
3	信号检测	信号电压检测	接回爆燃传感器的插接器，置点火开关于ON位，起动发动机，测量信号电压，即示教板上A42端子对A12端子的信号电压，正常电压值≤0.5V，在振动频率为7kHz左右有1V的电压输出	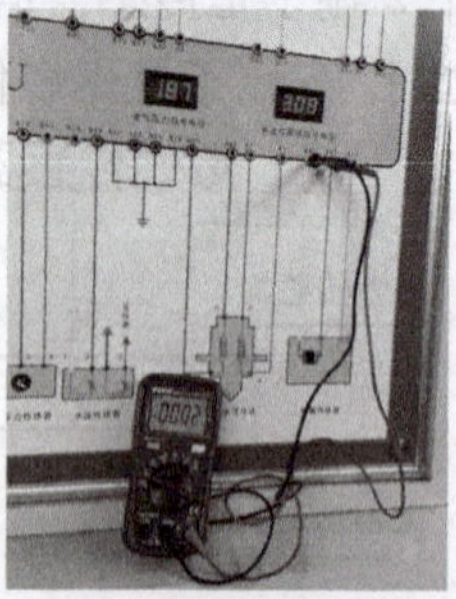
4	电阻检测	元件电阻检测	置点火开关于OFF位，拔下爆燃传感器的插接器，用万用表电阻档测量传感器1端子对2端子的电阻，阻值≥1MΩ	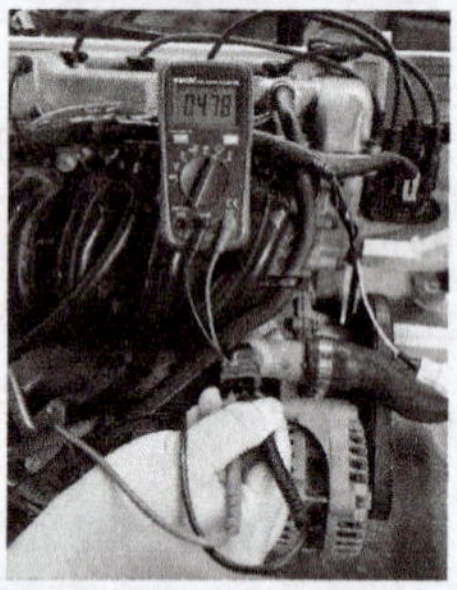

三、爆燃传感器的故障原因

爆燃传感器传感器的故障形式是信号电压不正常，故障原因有：

1）爆燃传感器信号正极线1端子无电；

① 爆燃传感器电源信号线1端子至A42端子线路断路或搭铁；

② ECU损坏。

2）爆燃传感器信号负极线2端子至A12端子的线路断路或短路；

3）爆燃传感器损坏。

【信息收集】

一、现场感受任务描述中的情景，把观察到的现象用几个关键词写出来。

______

______

______

二、明确工作任务，收集信息

1. 我们的学习任务是什么？爆燃传感器的作用是什么？

1）学习任务：

______

______

______

2）爆燃传感器的作用：

____

____

____

3）爆燃传感器的类型有：

____

____

____

2. 为顺利完成本学习任务，请按要求完成下列信息的收集。

1）绘制爆燃传感器控制电路图，分析爆燃传感器的控制原理。

① 爆燃传感器控制电路图：

② 爆燃传感器的控制原理分析：

____

____

____

____

____

2）写出爆燃传感器的测量方法：

____

____

____

____

____

3. 对照自己所绘制的爆燃传感器控制电路图，在车辆上找到相对应元件或线路的具体位置，并完成下列填空。

1）爆燃传感器：安装在______________，有______个接线端子，分别是______端子、______端子和______端子。

2）爆燃传感器信号正极 1 端子连接到 ECU 的______端子，线的颜色是______。

3）爆燃传感信号负极 2 端子连接到 ECU 的______端子，线的颜色是______。

4）爆燃传感器信号屏蔽线 3 端子连接到 ECU 的______端子，线的颜色是______。

4. 结合下列引导性的步骤，完成爆燃传感器控制电路的检测。

1）爆燃传感器信号负极线的检测：

① 点火开关打到 OFF 档。拆卸爆燃传感器插接器，把万用表旋到______档，万用表黑表笔接搭铁，红表笔测量传感器插接器的 2 端子，此时万用表显示的电阻值应接近于 0Ω，实际显示电阻值为______Ω。如果此时万用表测量的电阻值不符合规定值，应进一步检测传感器的搭铁线通断情况。

② 把万用表旋到电阻档，点火开关置于“OFF”档，拔下爆燃传感器插接器，红表笔接触传感器的 2 端子，黑表笔接触 ECU 输出端子______座孔，此时万用表显示的电阻值应接近于0Ω，实际显示电阻值为______Ω。如果此时万用表显示数值为无穷大，说明爆燃传感器搭铁线______，应把它连接好。

2）爆燃传感器信号正极线的检测：

① 点火开关打到 OFF 档。拆卸爆燃传感器插接器，把万用表旋到______档，点火开关打到 ON 档，万用表黑表笔接搭铁，红表笔测量传感器插接器的 1 端子，此时万用表的读数为______，参考标准电压应≤0.5V。

② 把万用表旋到电阻档，关闭点火开关，拔下爆燃传感器插接器，红表笔接触爆燃传感器的 1 端子，黑表笔接触 ECU 输出端子______座孔，此时万用表显示的电阻值应接近于0Ω，实际显示电阻值为______Ω。如果此时万用表显示数值为无穷大，说明爆燃传感器信号正极线______，应把它连接好。

3）爆燃传感器是否损坏检测：

① 电压检测法：把万用表旋到交流电压档，连接好爆燃传感器的插接器，点火开关置于 ON 位，红表笔接触传感器 1 端子或示教板上的______端子，黑表笔接地起动发动机，测量此时的电压值应≤1V 范围内，如果发动机无爆燃，电压应很微弱，比较难以检测出信号电压。

② 电阻检测法：置点火开关 OFF 位，拔下爆燃传感器插接器，万用表打到______档，测传感器信号线正负极的电阻，测得的阻值为________，阻值应该 >1MΩ 左右，如果电阻值不在正常范围，则判断传感器本身有故障。

【制订计划】

一、根据爆燃传感器控制电路图，列举爆燃传感器控制电路的故障原因。

____

____

____

____

____

____

____

____

____

二、以小组讨论的方式，制订合理的爆燃传感器的故障检修流程（用“①、②、③…”在上述列举出的故障原因中按顺序编号即可）。

三、在下表中选择在检修中可能用到的工量具（在对应的选项中打√即可）。

工量具名称	选 择	
万用表	□可能	□不可能
测试灯	□可能	□不可能
尖嘴钳	□可能	□不可能
跨接线	□可能	□不可能
十字螺钉旋具	□可能	□不可能
手电筒	□可能	□不可能
一字螺钉旋具	□可能	□不可能
120 件套常用工具	□可能	□不可能
其他（请填写具体名称）		

四、要完成本工作任务，你认为下表中哪些事项是必须要遵守的？请在相应的位置打√。

注 意 事 项	选 择	
工量具整齐摆放不搁地	□是	□否
“零件、油、水”不落地	□是	□否
跨接线测试时，谨防短路现象	□是	□否
万用表校零	□是	□否
及时记录维修数据	□是	□否
维修工作完成后需要进行工作现场“6S”管理	□是	□否
其他		

五、任务分工，在任务分工表中填写相应职责人员的姓名。

任务分工表

序 号	组 长	记 录 员	操 作 员	备 注
1				
2				
3				
4				

【实施计划】

一、结合本小组制订的检修顺序，对爆燃传感器控制电路进行检测与维修，并完成下列表格的填写（表格中检测部位的顺序不一定是标准顺序）。

序 号	检 测 部 位	检 测 数 据	结 果 判 断
1	蓄电池电压		
2	爆燃传感器信号正极线电压：端子 1 搭铁的电压		

（续）

序　号	检测部位	检测数据	结果判断
3	爆燃传感器信号负极线电阻：端子 2 搭铁的电阻		
4	爆燃传感器信号正极线电阻：端子 1 与端子 A42 的电阻（端对端测阻值）		
5	爆燃传感器信号负极线：端子 2 与端子 A12 的电阻（端对端电阻）		
6	爆燃传感器信号电压端子 A42- 端子 A12		
7	（起动发动机，测量信号电压）		
8	ECU		

二、根据上述的所有检测结果，确定故障内容并完成下列表格的填写。

1. 确定的故障部位是：

元件损坏	1）	
	2）	
	3）	
线路故障	1）	
	2）	
	3）	
其他（请详细写明）	1）	
	2）	
	3）	

2. 故障点的排除处理说明（在下列选项中打√即可）：

故障点		故障点处理方法		
序　号	故障名称			
故障 1		□更换	□维修	□调整
故障 2		□更换	□维修	□调整
故障 3		□更换	□维修	□调整
故障 4		□更换	□维修	□调整

【检查与考评】

观察员根据操作员的工作过程评分，具体评分细则见下表。

爆燃传感器检测与维修操作考评表

序号	项 目	考 核 内 容	配分	扣分	得分
1	仪容仪表	着装、表情态度	5		
2	学习态度	学习准备、课堂参与度	10		
3	6S 规程	遵守安全操作规程，工量具仪器不落地，物品摆放整齐	10		
4	检测方案	方案正确、实用、有效	15		
5	测量方法	方法正确得当、测量数据准确	25		
6	测量结果	能排除故障	25		
7	安全生产	无人身和设备安全事故发生	10		
		总分	100		
评分人：		日期： 年 月 日			

【评价反馈】

一、自我评价：

我做得好的地方	我还存在这些方面的问题
□测量部位准确	□动作不到位
□工具使用规范	□工具使用不规范
□拆装步骤熟悉	□拆装步骤不熟悉
□检测步骤熟悉	□检测步骤不熟悉
□零件摆放整齐	□工具摆放不整齐
□操作用时合理	□操作用时过长
□工作态度端正	□工作态度不够端正

二、小组评价：

我们组做到了：□全员参与 □分工明确

□工作高效 □完成了工作任务

三、教师评价：

评 价 内 容	评 价 指 标	星级评定（在相应的等级打√）
1. 活动态度方面	1）态度是否积极，是否主动组织或参与活动 2）与小组同学合作是否良好 3）活动是否认真、善始善终 4）是否勇于克服困难	□一级：☆☆☆☆☆ □二级：☆☆☆☆ □三级：☆☆☆ □四级：☆☆
2. 知识技能方面	1）查阅资料技能 2）实地观察记录能力 3）调查研究能力 4）整理材料能力	□一级：☆☆☆☆☆ □二级：☆☆☆☆ □三级：☆☆☆ □四级：☆☆

【知识巩固】

选择题

1. 当发动机出现爆燃时，可能是该发动机点火（　　）。

A. 过早　　B. 过晚

C. 高压电电压太小　　D. 正常

2. 一般爆燃传感器安装在（　　）位置。

A. 发动机缸体中间　　B. 发动机排气管

C. 发动机进气管　　D. 发动机水管

3. 在电控燃油喷射系统中，（　　）传感器采集的信号作为反馈信号，对点火提前角进行修正，实现点火时刻的闭环控制。

A. 曲轴位置传感器　　B. 凸轮轴位置传感器

C. 氧传感器　　D. 爆燃传感器

4. 现在绝大多数汽车采用的爆燃传感器为（　　）。

A. 共振型压电式爆燃传感器

B. 非共振型压电式爆燃传感器

C. 磁致伸缩式爆燃传感器

D. 以上都不对

5. 如果爆燃传感器的固定力矩过大，那么会造成（　　）。

A. 爆燃　　B. 灵敏度下降　　C. 动力增加　　D. 过于灵敏

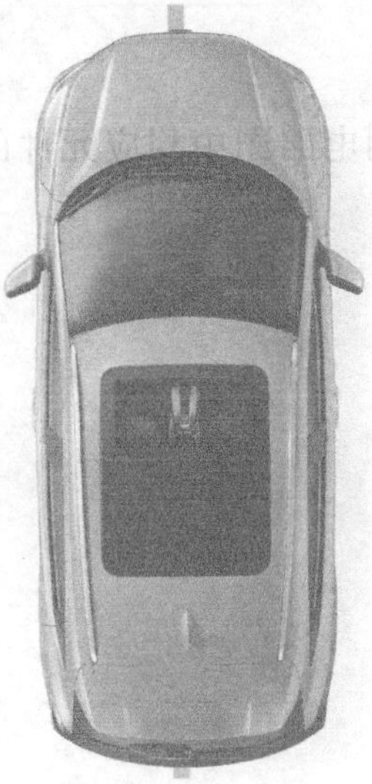

项目四

ECU 电源电路的检测与维修

ECU 电源电路检测与维修是发动机电控系统检测与维修的重要学习项目，主要学习内容包括识读和绘制 ECU 电源电路的控制电路图。通过本项目的学习，学生应能正确分析、检测 ECU 电源电路，并且能对 ECU 电源电路进行诊断与排除。

【任务描述】

一辆五菱宏光汽车在行驶途中熄火，不能再次起动，被拖至修理厂。该车产于2014年，已行驶5万公里。在修理厂检修时发现：起动发动机时，起动机转速正常，发动机不能起动，检查火花塞无高压火花产生。连接诊断仪进入发动机控制系统，显示发动机ECU不能通信，初步确定是ECU电源电路出现故障。接下来我们就要对ECU电源电路进行检测与维修。

【学习目标】

1. 能绘制ECU电源电路的控制电路图，并在实车上找到电路图中相应元件的具体位置；
2. 能对ECU电源电路进行正确检测；
3. 能根据电路图分析ECU电源电路的故障原因；
4. 能借助电路图对ECU电源电路进行诊断与排除；
5. 会填写工作页，记录检修结果。

【学习重点】

1. 正确检测ECU电源电路；
2. 借助电路图对ECU电源电路进行诊断与排除。

【学习难点】

借助电路图对ECU电源电路进行诊断与排除。

【知识准备】

一、ECU电源电路的作用

ECU电源电路的作用主要是给ECU提供工作电源，B12发动机ECU电源端子包括点火开关控制的B29端子、常电源B30端子和主继电器控制的工作电源A66端子。

二、ECU电源电路的分析

ECU电源电路主要由蓄电池、点火开关、主继电器、熔丝以及ECU本身组成，ECU本身通过A24、A28、B33、B67四个端子搭铁构成电路回路。电路图如图4-1所示。B12发动机ECU电源电路主要分为四路：

1）点火开关控制B29端子：当点火开关闭合时，B29端子有蓄电池电压，如图4-2所示。ECU通过检测B29端子的电压来判断点火开关的通断状态，从而给各传感器或部分执行器提供电源。

2）常电源B30端子：B30端子是ECU的常电源，常电源能让汽车ECU在休眠状态下，也可以储存开车时电脑所记录下来的数据以及故障码。当然汽车防盗等系统也需要用到常电源。

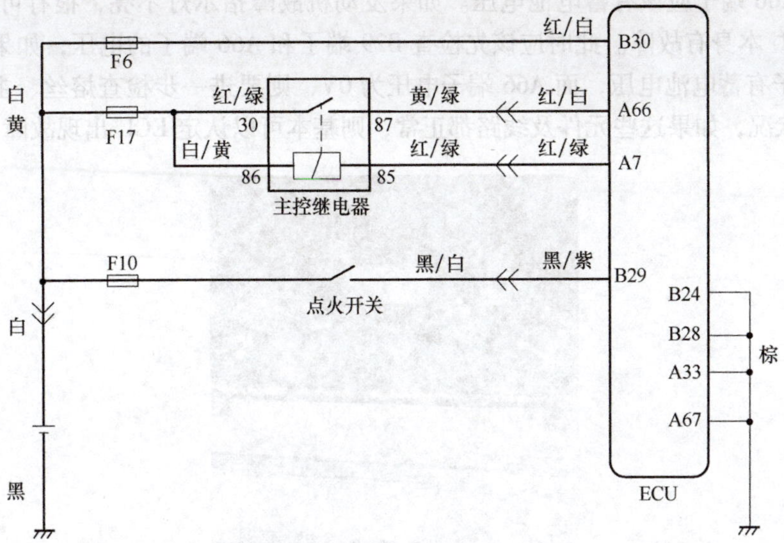

图 4-1 ECU 电源电路

3）主继电器线圈控制电路：当点火开关接通时，ECU 接收到 B29 端子的高电位电压，就控制 A7 端子搭铁，此时主继电器线圈构成回路，继电器触点闭合，给 A66 端子供电。

4）工作电源 A66 端子：当点火开关闭合时，A66 端子有蓄电池电压，ECU 能够正常工作，如图 4-3 所示。

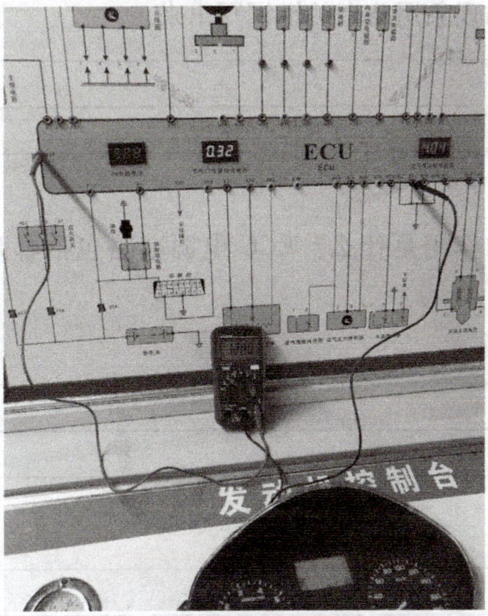

图 4-2 B29 端子搭铁电压

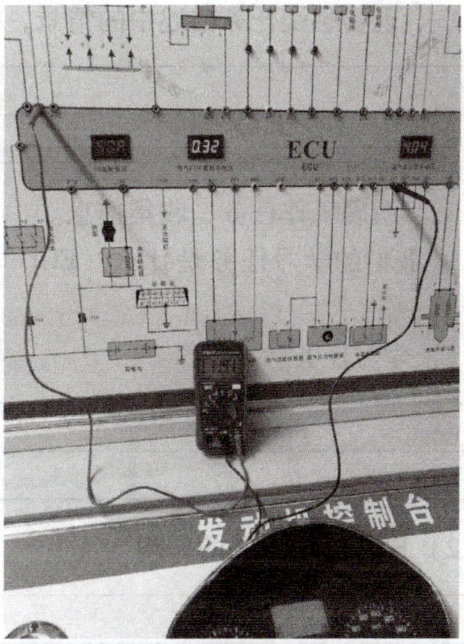

图 4-3 A66 端子搭铁电压

三、ECU 电源电路的常见故障及检修方法

当点火开关接通时，汽车仪表板上的发动机故障指示灯应该常亮，如图 4-4 所示，ECU

B29 端子和 A66 端子应该有蓄电池电压。如果发动机故障指示灯不亮，很有可能是 ECU 电源电路或 ECU 本身有故障。此时应该先检查 B29 端子和 A66 端子的电压，如果点火开关闭合时 B29 端子有蓄电池电压，而 A66 端子电压为 0V，则要进一步检查熔丝、主继电器及其线路的技术状况，如果这些元件及线路都正常，则基本可以认定 ECU 出现故障。

图 4-4 发动机故障灯常亮

【信息收集】

一、现场感受任务描述中的情景，把观察到的现象用几个关键词写出来。

二、明确工作任务，收集信息。

1. 我们的学习任务是什么？ECU 电源电路的作用是什么？ECU 电源电路包括哪几个端子？

1）学习任务：

2）ECU 电源电路的作用：

3）B12 发动机 ECU 电源电路包括哪几个端子：

2. 绘制 B12 发动机 ECU 电源电路图，完成下列的问题。

绘制 ECU 电源电路

1）ECU 电源电路由哪几部分组成？

2）ECU 电源电路各端子分别起到什么作用？

3）A66 端子具备正常电压的条件是什么？

3. 把下列元件或线路的名称的序号标注到上图绘制好的 ECU 电源电路图中的相应位置。

①F17 熔丝电源线；②点火开关电源线；③点火开关信号线；

④主继电器电源线；⑤主继电器控制线；⑥主继电器输出线；

⑦ECU 搭铁线；⑧B30 常电源线；⑨蓄电池搭铁线。

4. 根据 ECU 电源电路图，分析其工作过程（写出电路回路和每个回路的作用）。

① 第 1 条电路回路：当点火开关闭合时，蓄电池正极→

第 1 条电路回路的作用是：____

____

② 第 2 条电路回路：蓄电池正极→____________________________________

____

____

第 2 条电路回路的作用是：____

____

③ 第 3 条电路回路：蓄电池正极→____________________________________

____

____

第 3 条电路回路的作用是：____

____

④ 第 4 条电路回路：蓄电池正极→____________________________________

____

____

第 4 条电路回路的作用是：____

____

____

5. 对照自己所绘制的电动燃油泵控制电路图，在车辆上找到相对应元件或线路的具体位置，并完成下列填空。

1）蓄电池：安装在________________________，负极________。

2）点火开关：安装在________________________，有______个接线柱，分别是________、________、________。

3）主继电器：安装在____________________，有______个针脚，各针脚的编号分别为______、______、______、______。

4）ECU：安装在____________，点火开关控制信号端输进 ECU 第______号端子，主继电器控制端______号端子进入 ECU 第______号端子。主继电器输出端______号端子进入 ECU 第______号端子，给 ECU 提供工作电源。

5）主继电器熔丝：安装在________________，规格是______A。

6）点火开关熔丝：安装在________________，规格是______A。

7）熔丝电源线：一端连接蓄电池的______极，另一端连接熔丝座的______端，线的颜色是______。

8）点火开关电源线：一端连接______号熔丝的输出端，另一端连接点火开关的______端，线的颜色是______________。

9）点火开关信号线：一端连接点火开关的______端，另一端连接 ECU 的______号端子，线的颜色是______________。

10）主继电器熔丝电源线：一端连接蓄电池的______极，另一端连接熔丝座的输出端，线的颜色是__________。

11）主继电器电源线：一端连接______号熔丝的______端，另一端连接主继电器的

______号端子和______号端子，线的颜色是______。

12）主继电器控制线：一端连接继电器的______号端子，另一端连接 ECU 的______号端子，线的颜色是______。

13）ECU A66 端子电源线：一端连接主继电器的______号端子，另一端连接 ECU A66 端子，线的颜色是______________。

6. 结合下列引导性的步骤，完成 ECU 电源电路的检测。

1）熔丝性能的检测：把万用表旋到______档，万用表两个表笔分别接触熔丝的两个针脚，万用表显示的数值为______Ω。熔丝的电阻值可以看作是 0Ω，你所检测的熔丝是______（好的或者是坏的）。

2）点火开关的性能检测：把万用表旋到______档，按照下表引导测量点火开关的性能，并完成表格的填写。

点火开关状态	测量端子名称		
	1—2（Ω）	1—3（Ω）	2—3（Ω）
“OFF”位			
“ON”位			
“STA”位			

3）测量主继电器性能：

① 观察继电器的外形，画出端子图，并且注明端子的号脚。

绘制继电器端子图

② 主继电器线圈的检测：把万用表旋到______档，两表笔分别接触继电器的“85”和“86”端子，万用表显示电阻值为______Ω，继电器线圈的标准电阻值约为______Ω。

③继电器触点的检测：把蓄电池的正、负极分别接到继电器的“85”和“86”端子，此时应该听到继电器接点的闭合声响，此时用万用表的“200Ω”电阻档测量继电器的 30 端子和______端子，万用表的读数是______Ω。

4）测量蓄电池端电压：

把万用表旋到______档，红表笔接触蓄电池______极，黑表笔接触蓄电池______极，万用表显示电压值为______V。蓄电池的标准电压值应为 12～13V。

5）测量主继电器熔丝 F17、点火开关熔丝 F10 和 ECU 常电源 B30 熔丝 F6 的端电压：

把万用表旋到______档，黑表笔______，红表笔分别接触各熔丝的输入端和输出端，表的读数分别为______V 和______V、______V 和______V、______V 和______V。熔丝两端的电压标准值应为______V。如果此时测量的熔丝端电压不符合规定值，应进一步检测熔丝电源线或者是熔丝本身。

6）熔丝电源线的检测：

① 把万用表旋到“20V”直流电压档，红表笔接触熔丝座的______端（把熔丝拔下），黑表笔搭铁，此时万用表显示的电压值应为______V，实际显示电压值为______V。如果此时测量到的电压不符合规定值，应检测熔丝______线的通断情况或者是检查蓄电池的端电压值。

② 把万用表旋到“200Ω”电阻档，红表笔接触熔丝座的______端（把熔丝拔下），黑表笔接触蓄电池的电源线（这种测量方法电源线必须与蓄电池正极桩断开），此时万用表显示的电阻值应接近于0Ω，实际显示电阻值为______Ω。如果此时万用表显示数值为无穷大，说明熔丝电源线______，应把它连接好。

7）点火开关电源线的检测：

① 把万用表旋到“20V”直流电压档，红表笔接触点火开关的______号接线柱，黑表笔搭铁，此时万用表显示的电压值应为______V，实际显示电压值为______V。如果此时测量到的电压不符合规定值，应进一步检测点火开关______线的通断情况或者是检查点火开关熔丝输出端的电压值。

② 把万用表旋到“200Ω”电阻档，红表笔接触点火开关熔丝的输出端（把熔丝拔下），黑表笔接触点火开关的______号接线柱，此时万用表显示的电阻值应接近于0Ω，实际显示电阻值为______Ω。如果此时万用表显示数值为无穷大，说明点火开关电源线______，应把它连接好。

8）测量 ECU 端子 B29 的电压：

接通______________，把万用表旋到______档，红表笔接触 ECU 端子______，黑表笔______，此时万用表显示电压值应为______V，实际显示电压值为______V。如果此时测量的 B29 端电压不符合规定值，应检测点火开关的______线和点火开关本身的性能。

9）主继电器电源线的检测：

① 把万用表旋到“20V”直流电压档，红表笔接触继电器座的______号插孔或______号插孔，黑表笔搭铁，此时万用表显示的电压值应该为______V，实际显示电压值为______V。如果此时测量到的电压不符合规定值，应检查油泵继电器______线的通断情况或者是检查蓄电池的端电压。

② 把万用表旋到“200Ω”电阻档，红表笔接触继电器座的______号插孔或______号插孔（把油泵熔丝拔下），黑表笔接触油泵熔丝座的______端子，此时万用表显示的电阻值应接近于0Ω，实际显示电阻值为______Ω。如果此时万用表显示数值为无穷大，说明油泵继电器电源线______，应把它连接好。

10）主继电器控制线的检测：

① 把万用表旋到“20V”直流电压档，红表笔接触示教板上 ECU ______端子，黑表笔搭铁，点火开关置“OFF”位时万用表显示值应为______V，实测值为______V；点火开关置“ON”位时万用表显示值应为______V，实测值为______V。如果此时测量到的电压不符

合规定值，应主继电器______线的通断情况。

② 把万用表旋到“200Ω”电阻档，红表笔接触继电器座的______号插孔（把油泵继电器拔下），黑表笔接触示教板上 ECU ______端子，此时万用表显示的电阻值应接近于 0Ω，实际显示电阻值为______Ω。如果此时万用表显示数值为无穷大，说明主继电器控制线______，应把它连接好。

11）ECU A66 端电压的检测：

把万用表旋到“20V”直流电压档，接通点火开关，红表笔接触 ECU ______端子，黑表笔搭铁，此时万用表显示的电压值应为________值，万用表实际显示电压值为______V。如果此时测量到的电压不符合规定值，应进一步检测主继电器座输出端______号端子和 ECU ______端线路的通断情况或者是检查主继电器工作性能情况。

12）ECU 常电源 B30 端电压的检测：

① 把万用表旋到“20V”直流电压档，红表笔接触 ECU 常电源______端子，黑表笔搭铁，万用表显示电压值为______V，此时万用表显示的电压值应为______值。如果此时测量到的电压不符合规定值，应进一步检测 B30 电源线的通断情况或者是检查______熔丝。

② 把万用表旋到“200Ω”电阻档，红表笔接触 ECU 常电源______端子，黑表笔接触 F17 熔丝座的输出端，此时万用表显示的电阻值应接近于 0Ω。如果此时万用表显示数值为无穷大，说明 B30 电源线______，应把它连接好。

7. 搜集相关信息，列举发动机 ECU 电源电路不正常时车辆有何故障现象？

1）现象一：____

2）现象二：____

3）现象三：____

【制订计划】

一、根据 ECU 电源电路图，列举 ECU 电源电路的故障原因。

____

____

____

____

____

____

____

____

二、以小组讨论的方式，制订合理的 ECU 电源电路出现故障的检修流程（用“①、②、③…”在上述列举出的故障原因中按顺序编号即可）。

三、在下表中选择在检修中可能用到的工量具（在对应的选项中打√即可）。

工量具名称	选　择	
万用表	□可能	□不可能
测试灯	□可能	□不可能
尖嘴钳	□可能	□不可能
跨接线	□可能	□不可能
十字螺钉旋具	□可能	□不可能
一字螺钉旋具	□可能	□不可能
手电筒	□可能	□不可能
其他（请填写具体名称）		

四、要完成本工作任务，你认为下表中哪些事项是必须要遵守的？请在相应的位置打√。

注 意 事 项	选　择	
工量具整齐摆放不搁地	□是	□否
“零件、油、水”不落地	□是	□否
跨接线测试时，谨防短路现象	□是	□否
万用表校零	□是	□否
及时记录维修工作数据	□是	□否
维修工作完成后需要进行工作现场“6S”管理	□是	□否
其他		

五、任务分工，在任务分工表中填写相应职责人员的姓名。

任务分工表

序　号	组　长	记 录 员	操 作 员	备　注
1				
2				
3				
4				

【实施计划】

一、结合本小组制订的检修顺序，对 ECU 电源电路的故障进行检测与维修，并完成下列表格的填写（表格中检测部位的顺序不一定是标准顺序）。

序　号	检 测 部 位	检 测 数 据	结 果 判 断
1	蓄电池电压		
2	B30 端子的搭铁电压		
3	ON 位时，B29 端子的搭铁电压		

（续）

序　号	检 测 部 位	检 测 数 据	结 果 判 断
4	ON 位时，B30 端子的搭铁电压		
5	F6 熔丝		
6	F17 熔丝		
7	F10 熔丝		
8	点火开关		
9	主继电器		
10	主继电器电源线（端对端测阻值）		
11	主继电器信号线（端对端测阻值）		
12	点火开关电源线（端对端测阻值）		
13	点火开关信号线（端对端测阻值）		

二、根据上述的所有检测结果，确定故障内容并完成下列表格的填写。

1. 确定的故障部位是：

元件损坏	1）
	2）
	3）
线路故障	1）
	2）
	3）
其他 （请详细写明）	1）
	2）
	3）

2. 故障点的排除处理说明（在下列选项中打√即可）：

故 障 点		故障点处理方法		
序　号	故 障 名 称			
故障 1		□更换	□维修	□调整
故障 2		□更换	□维修	□调整
故障 3		□更换	□维修	□调整
故障 4		□更换	□维修	□调整

【检查与考评】

观察员根据操作员的工作过程评分，具体评分细则见下表。

ECU电源电路检测与维修操作考评表

序号	项　　目	考 核 内 容	配分	扣分	得分
1	仪容仪表	着装、表情态度	5		
2	学习态度	学习准备、课堂参与度	10		
3	6S规程	遵守安全操作规程，工量具仪器不落地，物品摆放整齐	10		
4	检测方案	方案正确、实用、有效	15		
5	测量方法	方法正确得当、测量数据准确	25		
6	测量结果	能排除故障	25		
7	安全生产	无人身和设备安全事故发生	10		
		总分	100		
评分人：		日期：　　年　月　日			

【评价反馈】

一、自我评价：

我做得好的地方	我还存在这些方面的问题
□测量部位准确	□动作不到位
□工具使用规范	□工具使用不规范
□拆装步骤熟悉	□拆装步骤不熟悉
□检测步骤熟悉	□检测步骤不熟悉
□零件摆放整齐	□工具摆放不整齐
□操作用时合理	□操作用时过长
□工作态度端正	□工作态度不够端正

二、小组评价：

我们组做到了：□全员参与　　□分工明确

□工作高效　　□完成了工作任务

三、教师评价：

评 价 内 容	评 价 指 标	星级评定（在相应的等级打√）
1. 活动态度方面	1）态度是否积极，是否主动组织或参与活动 2）与小组同学合作是否良好 3）活动是否认真、善始善终 4）是否勇于克服困难	□一级：☆☆☆☆☆ □二级：☆☆☆☆ □三级：☆☆☆ □四级：☆☆
2. 知识技能方面	1）查阅资料技能 2）实地观察记录能力 3）调查研究能力 4）整理材料能力	□一级：☆☆☆☆☆ □二级：☆☆☆☆ □三级：☆☆☆ □四级：☆☆

【知识巩固】

一、请参考相关资料，画出丰田卡罗拉 1ZR-FE 发动机 ECU 供电电路图，并分析其工作原理。

二、写出 ECU 电源电路的作用。

三、ECU 电源电路包括哪几个端子？

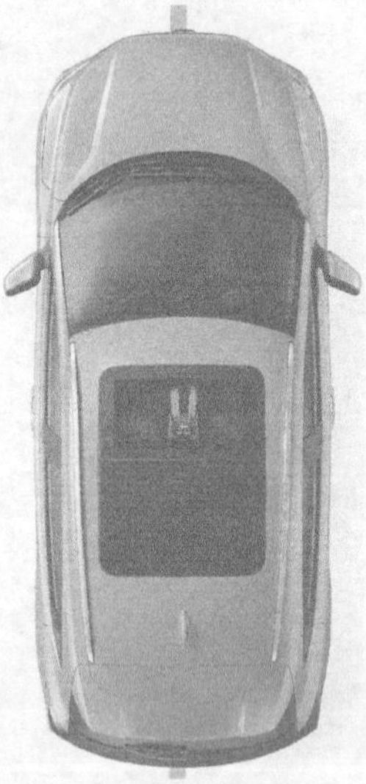

项目五

主要执行器的检测与维修

本项目主要学习汽车发动机主要执行器的检测与维修，目的是让学生深入学习发动机主要执行器的结构、作用、工作原理和检测方法。通过本项目的学习，学生应能根据电路图分析主要执行器的故障原因，并且能正确检测执行器的故障，直至修复。

本项目包括以下学习任务：

任务一　电动燃油泵控制电路的检测与维修

任务二　喷油器控制电路的检测与维修

任务三　点火线圈控制电路的检测与维修

任务四　废气再循环装置的检测与维修

任务五　汽油蒸发排放控制系统的检测与维修

任务一 电动燃油泵控制电路的检测与维修

【任务描述】

李先生开着自己的五菱宏光汽车外出送货，半路上车辆出现多次熄火，再次打火时发现车辆无法起动。没有汽车修理经验的李先生对车辆进行简单的检查后感觉无能为力，于是拨打4S店的电话求救，4S店的维修技师利用故障诊断仪对发动机进行故障诊断，诊断仪显示“电动燃油泵断路”。接下来我们就要对电动燃油泵控制电路进行检测与维修。

【学习目标】

1. 能绘制电动燃油泵的控制电路图，并在实车上找到电路图中相应元件的具体位置；
2. 能描述电动燃油泵的结构、类型、工作原理和工作特性；
3. 能对电动燃油泵控制电路中的元件进行正确检测；
4. 能根据电路图分析电动燃油泵控制电路的故障原因；
5. 能制订电动燃油泵控制电路故障的检修流程；
6. 能借助电路图对电动燃油泵电路故障进行诊断与排除；
7. 会填写工作页和记录检修结果。

【学习重点】

1. 根据电路图分析电动燃油泵的故障原因；
2. 制订电动燃油泵控制电路故障的检修流程。

【学习难点】

借助电路图对电动燃油泵电路故障进行诊断与排除。

【知识准备】

一、电动燃油泵概述

电动燃油泵一般安装在油箱内。

1. 电动燃油泵的作用

电动燃油泵的作用就是在发动机工作时，给燃油系统建立足够的燃油压力。

2. 电动燃油泵的类型和结构

电动燃油泵根据其结构的不同，可分为滚柱泵、齿轮泵、涡轮泵和侧槽泵等形式。

电动燃油泵主要由油泵、电动机、安全阀、止回阀和外壳等组成。

3. 电动燃油泵的工作特性

电动燃油泵在点火开关接通时一般会工作 3 ~ 5s，以利于燃油系统建立油压，便于起动，3 ~ 5s 后，如果不起动发动机，会断开电动燃油泵电路，此时即使点火开关处于接通位置，电动燃油泵也不会工作。

二、电动燃油泵的控制原理与电路分析

电动燃油泵控制电路一般由蓄电池、熔丝、点火开关、油泵继电器和油泵等组成。蓄电池安装在发动机舱里，其负极直接连接到车身上搭铁，正极端通过线路连接到熔丝盒。熔丝和继电器都安装在熔丝盒里。电动燃油泵控制电路如图 5-1 所示。

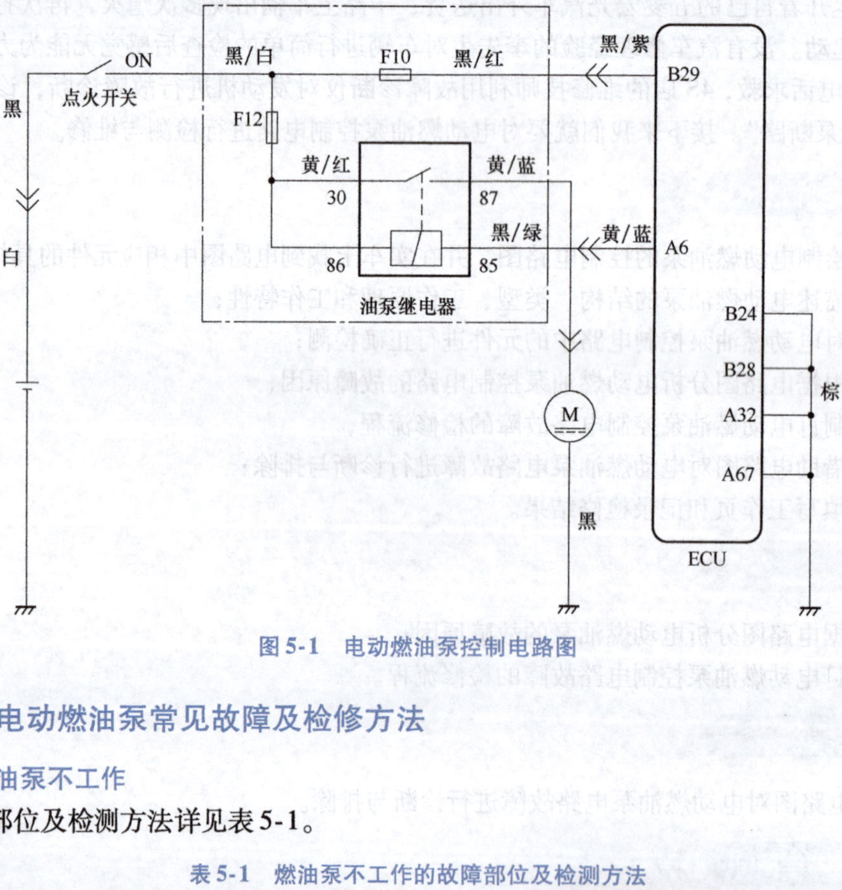

图 5-1　电动燃油泵控制电路图

三、电动燃油泵常见故障及检修方法

1. 燃油泵不工作

故障部位及检测方法详见表 5-1。

表 5-1　燃油泵不工作的故障部位及检测方法

序号	故障部位	检测方法	检测图示
1	燃油泵电机	检查燃油泵电机绕组电阻值：用万用表电阻档测量燃油泵电机的两个接线端子之间的电阻值，应为1 ~2Ω	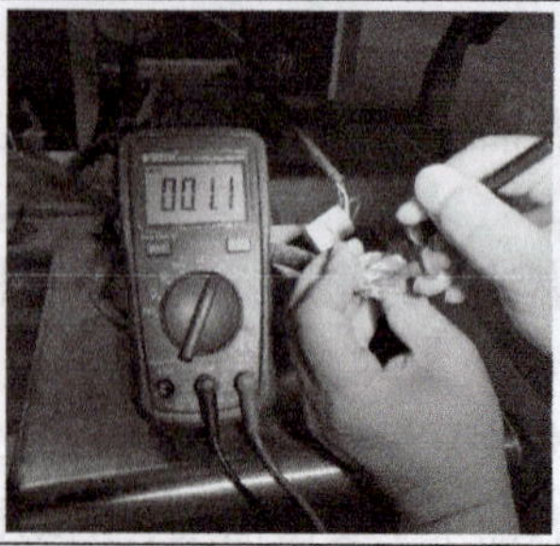

（续）

序号	故障部位	检测方法	检测图示
2	燃油泵电源线	打开点火开关，用万用表直流电压档测量电源线电压，在3～5s内应为蓄电池电压	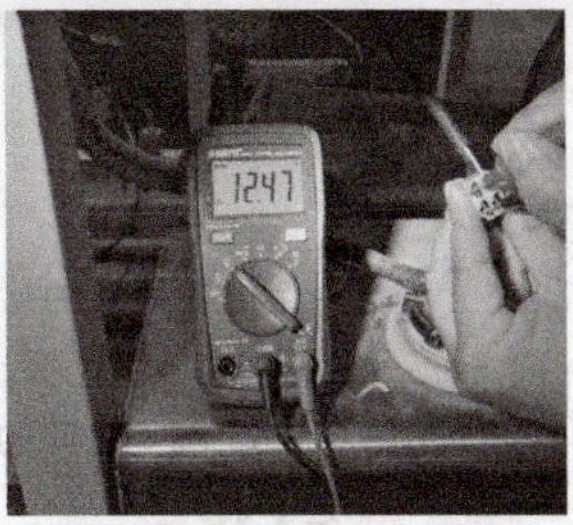
3	燃油泵搭铁线	通过端对端测量燃油泵搭铁线的电阻值，应该接近于0Ω	
4	蓄电池电压	用万用表测量蓄电池电压，应为12～14V	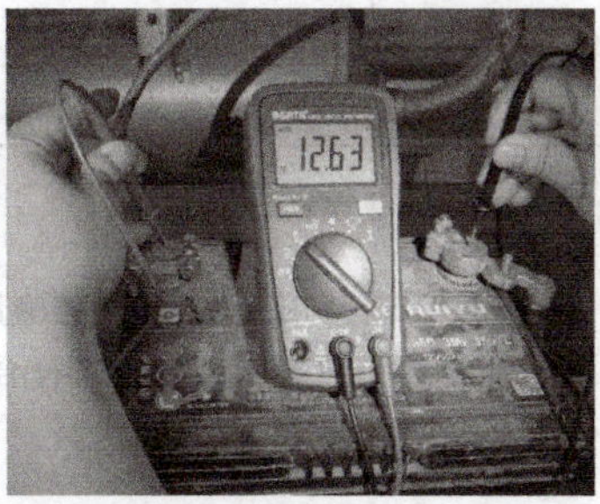
5	燃油泵继电器	继电器电磁线圈的检测：用万用表电阻档测量继电器的85—86端子之间的电阻，电阻值因继电器大小的不同为70～120Ω	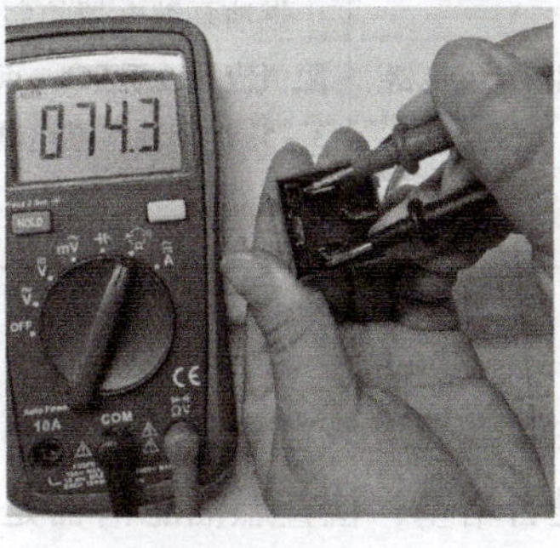

（续）

<table>
<tr><th>序号</th><th>故障部位</th><th>检测方法</th><th>检测图示</th></tr>
<tr><td>5</td><td>燃油泵继电器</td><td>继电器触点的检测：当继电器线圈通电触点吸合时，继电器30—87端子之间的电阻，应该接近于0Ω</td><td>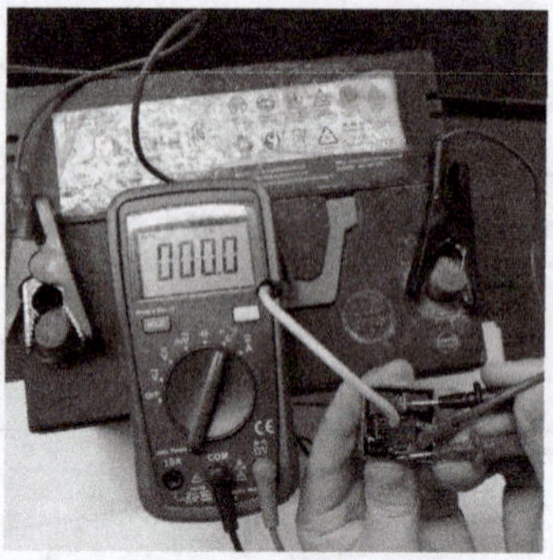</td></tr>
<tr><td>6</td><td>燃油泵熔丝</td><td>用万用表电阻档测量熔丝两个端子之间的电阻值，应该接近于0Ω</td><td>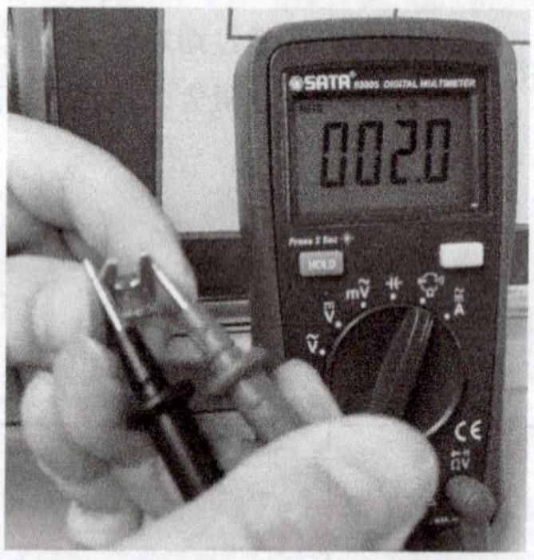</td></tr>
<tr><td>7</td><td>点火开关</td><td>用万用表电阻档测量点火开关的通断情况，应符合右图所示要求</td><td><table><tr><th></th><th>Ⅰ</th><th>Ⅱ</th><th>Ⅲ</th></tr><tr><td>OFF</td><td>o</td><td></td><td></td></tr><tr><td>ON</td><td>o</td><td>o</td><td></td></tr><tr><td>STA</td><td>o</td><td>o</td><td>o</td></tr></table></td></tr>
<tr><td>8</td><td>燃油泵继电器控制线</td><td>燃油泵继电器控制线端对端电阻值应接近于0Ω；点火开关接通3～5s内燃油泵继电器控制线应搭铁良好</td><td></td></tr>
</table>

2. 油压不足

燃油泵油压应该在0.25～0.38MPa，如图5-2所示。检查燃油泵燃油压力是否正常；检查管路是否堵塞；检查燃油滤清器是否堵塞；检查燃油泵电机绕组电阻值；短接燃油泵检查燃油泵转动情况；检查燃油压力调节器。

图 5-2　燃油泵油压的检查

【信息收集】

一、现场感受任务描述中的情景，把观察到的现象用几个关键词写出来。

______

______

______

二、明确工作任务，收集信息。

1. 我们的学习任务是什么？电动燃油泵的作用是什么？它有什么工作特性？

1）学习任务：

______

______

______

2）燃油泵的作用：

______

______

______

3）燃油泵的工作特性：

______

______

______

2. 为顺利完成本学习任务，请按要求完成下列信息的收集。

元件名称	安装位置描述	检测方法（写出方法和技术标准）
电动燃油泵		1）电机绕组电阻值：____________。 2）电源线电压：____________。 3）搭铁线电阻值：____________。 在下列方框处画出油泵端子图
熔丝		检测方法：____________。
燃油泵继电器		1）线圈电阻值：______。 2）触点技术状况测量方法：____________ ____________。 在下列方框处画继电器外形图
测量线路通断的方法通常有：____________ ____________。		

3. 完善下列电动燃油泵的控制电路图，并从下列线路名称中选出合适的选项序号标注到图中线路的相应位置。

① 熔丝电源线；

② 点火开关电源线；

③ 点火开关信号线；

④ 燃油泵继电器电源线；

⑤ 燃油泵继电器控制线；

⑥ 电动燃油泵电源线；

⑦ 电动燃油泵搭铁线；

⑧ 蓄电池搭铁线。

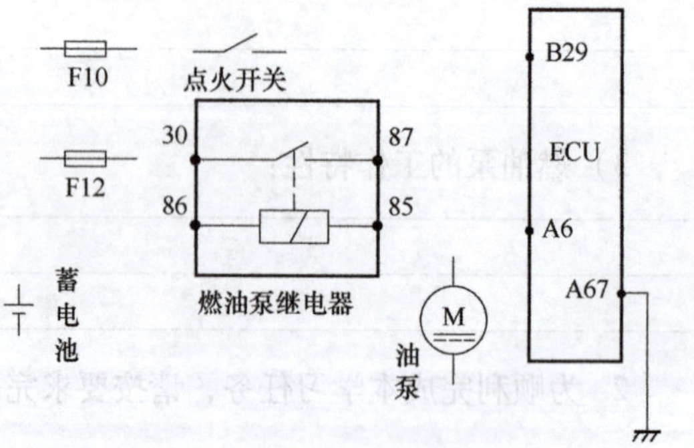

4. 根据电动燃油泵控制电路图，分析电动燃油泵的工作过程（写出电路回路和每个回路的作用）。

① 第 1 条电路回路：当点火开关闭合时，蓄电池正极→____________

____

____

第 1 条电路回路的作用是：____

____

____

② 第 2 条电路回路：蓄电池正极→____

____

____

第 2 条电路回路的作用是：____

____

____

③ 第 3 条电路回路：蓄电池正极→____

____

____

第 3 条电路回路的作用是：____

____

____

5. 对照自己所绘制的电动燃油泵控制电路图，在车辆上找到相对应元件或线路的具体位置，并完成下列填空。

1）蓄电池：安装在________________________________，负极__________。

2）点火开关：安装在________________________________，有______个接线柱，分别是______、______、______。

3）燃油泵继电器：安装在__________________________，有______个针脚，针脚的编号分别为______、______、______、______。

4）ECU：安装在______________，点火开关控制信号端输进 ECU 第______号端子，燃油泵继电器______号端子进入 ECU 第______号端子。

5）电动燃油泵：安装在________________________________。

6）燃油泵熔丝盒：安装在__________________________，规格是______A。

7）点火开关熔丝盒：安装在________________________，规格是______A。

8）熔丝电源线：一端连接蓄电池的______极，另一端连接熔丝盒的______端，线的颜色是______________。

9）点火开关电源线：一端连接______号熔丝盒的输出端，另一端连接点火开关的______端，线的颜色是____________________。

10）点火开关信号线：一端连接点火开关的______端，另一端连接 ECU 的______号端子，线的颜色是____________________。

11）燃油泵继电器电源线：一端连接______号熔丝盒的__________，另一端连接燃油泵继电器的______号端子和______号端子，线的颜色是____________________。

12）燃油泵继电器控制线：一端连接继电器的______号端子，另一端连接 ECU 的______号端子，线的颜色是____________________。

13）电动燃油泵电源线：一端连接燃油泵继电器的______号端子，另一端连接燃油泵______端子，线的颜色是__________________。

14）电动燃油泵搭铁线：一端连接燃油泵______端子，另一端连接______________，线的颜色是________________。

6. 结合下列引导性的步骤，完成燃油泵控制电路的检测。

1）熔丝性能的检测：拔下熔丝，把万用表旋到______档，万用表两个表笔分别接触熔丝的两个脚，万用表显示的数值为______ Ω。熔丝的电阻值可以看作是0Ω，你所检测的熔丝是______（好的或者是坏的）。

2）点火开关的性能检测：把万用表旋到______档，按照下表引导测量点火开关的性能，并完成表格填写。

点火开关状态	测量端子名称		
	1—2（Ω）	1—3（Ω）	2—3（Ω）
“OFF”位			
“ON”位			
“STA”位			

3）测量燃油泵继电器性能：

① 观察继电器的外形，画出端子图，并且注明端子的脚号。

请绘制燃油泵继电器端子图

② 继电器线圈的检测：把万用表旋到______档，两表笔分别接触继电器的“85”和“86”端子，万用表显示电阻值为______ Ω，继电器线圈的标准电阻值约为______Ω。

③ 继电器触点的检测：把蓄电池的正、负极分别接到继电器的“85”和“86”端子，此时应该听到继电器接点的闭合声响，此时用万用表的“200Ω”电阻档测量继电器的______端子和______端子，万用表的读数是______ Ω。

请绘制电动燃油泵端子图

4）测量电动燃油泵电机绕组电阻值：

① 观察电动燃油泵的接线端子，画出端子的外形图，并且注明燃油泵电机端子的正、负极。

② 把万用表旋到______档，两表笔分别接触燃油泵电机端子的正、负极，万用表显示电阻值为______ Ω，燃油泵电机的标准电阻值约为______ Ω。

5）测量蓄电池端电压：把万用表旋到______档，红表笔接触蓄电池______极，黑表笔接触蓄电池______极，万用表显示电压值为______ V。蓄电池标准电压应为______ V。

6）测量燃油泵熔丝盒和点火开关熔丝盒的电压：把万用表旋到______档，黑表笔______，红表笔分别接触熔丝盒的输入端和输出端，表的读数分别为______ V 和______ V。熔丝两端的电压标准值应该为______ V。如果此时测量的熔丝端电压不符合规定值，应进一步检测熔丝电源线或者是熔丝本身。

7）熔丝电源线的检测：

① 把万用表旋到"20V"直流电压档，红表笔接触熔丝座的______端（把熔丝拔下），黑表笔搭铁，此时万用表显示的电压值应为______ V，实际显示电压值为______ V。如果此时测量到的电压不符合规定值，应检测熔丝______线的通断情况或者检查蓄电池的端电压。

② 把万用表旋到"200Ω"电阻档，红表笔接触熔丝座的______端（把熔丝拔下），黑表笔接触蓄电池的电源线（这种测量方法电源线必须与蓄电池正极桩断开），此时万用表显示的电阻值应接近于0Ω，实际显示电阻值为______ Ω。如果此时万用表显示数值为无穷大，说明熔丝电源线______，应把它连接好。

8）点火开关电源线的检测：

① 把万用表旋到"20V"直流电压档，红表笔接触点火开关的______号接线柱，黑表笔搭铁，此时万用表显示的电压值应为______ V，实际显示电压值为______ V。如果此时测量到的电压不符合规定值，应进一步检测点火开关______线的通断情况或者检查点火开关熔丝输出端的电压值。

② 把万用表旋到"200Ω"电阻档，红表笔接触点火开关熔丝的输出端（把熔丝拔下），黑表笔接触点火开关的______号接线柱，此时万用表显示的电阻值应接近于0Ω，实际显示电阻值为______ Ω。如果此时万用表显示数值为无穷大，说明点火开关电源线______，应把它连接好。

9）测量 ECU 端子 B29 的电压：接通____________，把万用表旋到______档，红表笔接触 ECU 端子______，黑表笔______，此时万用表显示电压值应为______ V，实际显示电压值为______ V。如果此时测量的 B29 端电压不符合规定值，应检测点火开关的______线和点火开关本身的性能。

10）燃油泵继电器电源线的检测：

① 把万用表旋到"20V"直流电压档，红表笔接触继电器座的______号插孔或______号插孔，黑表笔搭铁，此时万用表显示的电压值应为______ V，实际显示电压值为______ V。如果此时测量到的电压不符合规定值，应检查燃油泵继电器______线的通断情况或者检查蓄电池的端电压。

② 把万用表旋到"200Ω"电阻档，红表笔接触继电器座的______号插孔或______号插孔（把燃油泵熔丝拔下），黑表笔接触油泵熔丝座的______端子，此时万用表显示的电阻值

应接近于 0Ω，实际显示电阻值为______Ω。如果此时万用表显示数值为无穷大，说明燃油泵继电器电源线______，应把它连接好。

11）油泵继电器控制线的检测：

① 把万用表旋到“20V”直流电压档，红表笔接触示教板上 ECU______端子，黑表笔搭铁，点火开关置“OFF”位时万用表显示值应为______V，实测值为______V；点火开关置于“ON”位时万用表显示值应该为______V，实测值为______V。如果此时测量到的电压不符合规定值，应检查燃油泵继电器______线的通断情况。

② 把万用表旋到“200Ω”电阻档，红表笔接触继电器座的______号插孔（把油泵继电器拔下），黑表笔接触示教板上 ECU______端子，此时万用表显示的电阻值应接近于 0Ω，实际显示电阻值为______Ω。如果此时万用表显示数值为无穷大，说明燃油泵继电器控制线______，应把它连接好。

12）电动燃油泵搭铁线的检测：

① 用汽车测试灯测量，测试灯夹子夹住蓄电池电源，灯笔接触燃油泵搭铁线线头，此时测试灯应该常亮。如果测试灯不亮，应检查燃油泵搭铁线的通断情况或者检查蓄电池电压是否足够。

② 把万用表旋到“200Ω”电阻档，红表笔接触燃油泵搭铁线线头，黑表笔接触发动机搭铁处，此时万用表显示的电阻值应接近于 0Ω，实际显示电阻值为______Ω。如果此时万用表显示数值为无穷大，说明电动燃油泵搭铁线______，应把它连接好。

13）电动燃油泵电源线的检测：

① 把万用表旋到“20V”直流电压档，红表笔接触油泵电源线的线头，黑表笔接触发动机搭铁处，打开点火开关，在 3～5s 内万用表显示电压值为______V，此时万用表显示的电压值应为______V。如果此时测量到的电压不符合规定值，应进一步检测燃油泵电源线的通断情况或者检查燃油泵继电器输出端______的电压值。

② 把万用表旋到“200Ω”电阻档，红表笔接触油泵电源线的线头，黑表笔接触燃油泵继电器座的输出端______号端子，此时万用表显示的电阻值应接近于 0Ω，实际显示电阻值为______Ω。如果此时万用表显示数值为无穷大，说明燃油泵电源线______，应把它连接好。

【制订计划】

一、根据电动燃油泵控制电路图，列举电动燃油泵不工作的故障原因。

二、以小组讨论的方式，制订合理的燃油泵不工作故障检修流程（用“①、②、③…”

在上述列举出的故障原因中按顺序编号即可）。

三、在下表中选择在检修中可能用到的工量具（在对应的选项中打√即可）。

工量具名称	选　择	
万用表	□可能	□不可能
测试灯	□可能	□不可能
尖嘴钳	□可能	□不可能
跨接线	□可能	□不可能
十字螺钉旋具	□可能	□不可能
一字螺钉旋具	□可能	□不可能
手电筒	□可能	□不可能
其他（请填写具体名称）		

四、要完成本工作任务，你认为下表中哪些事项是必须要遵守的？在相应的位置打√。

注 意 事 项	选　择	
工量具整齐摆放不搁地	□是	□否
“零件、油、水”不落地	□是	□否
测试跨接线时，谨防短路现象	□是	□否
万用表校零	□是	□否
及时记录维修工作数据	□是	□否
维修工作完成后需要进行工作现场“6S”管理	□是	□否
其他		

五、任务分工，在任务分工表中填写相应职责人员的姓名。

任务分工表

序　号	组　长	记 录 员	操 作 员	备　注
1				
2				
3				
4				

【实施计划】

一、结合本小组制订的检修顺序，对燃油泵控制电路进行检测与维修，并完成下列表格的填写（表格中检测部位的顺序不一定是标准顺序）。

序号	检测部位	检测数据	结果判断
1	蓄电池电压		
2	燃油泵电机绕组电阻值		
3	燃油泵电源线（测量电压）		
4	燃油泵电源线（端对端测电阻值）		
5	油泵熔丝		
6	点火开关		
7	燃油泵继电器		
8	燃油泵继电器控制线（端对端测电阻值）		
9	燃油泵搭铁线（端对端测电阻值）		

二、根据上述的所有检测结果，确定故障内容并完成下列表格的填写。

1. 确定的故障部位是：

元件损坏	1）
	2）
	3）
线路故障	1）
	2）
	3）
其他 （请详细写明）	1）
	2）
	3）

2. 故障点的排除处理说明（在下列选项中打√即可）：

故障点		故障点处理方法		
序号	故障名称			
故障1		□更换	□维修	□调整
故障2		□更换	□维修	□调整
故障3		□更换	□维修	□调整
故障4		□更换	□维修	□调整

【检查与考评】

观察员根据操作员的工作过程评分，具体评分细则见下表。

电动燃油泵控制电路检测与维修操作考评表

序号	项　目	考 核 内 容	配分	扣分	得分
1	仪容仪表	着装、表情态度	5		
2	学习态度	学习准备、课堂参与度	10		
3	6S 规程	遵守安全操作规程，工量具仪器不落地，物品摆放整齐	10		
4	检测方案	方案正确、实用、有效	15		
5	测量方法	方法正确得当、测量数据准确	25		
6	测量结果	能排除故障	25		
7	安全生产	无人身和设备安全事故发生	10		
		总分	100		
评分人：		日期：　年　月　日			

【评价反馈】

一、自我评价：

我做得好的地方	我还存在这些方面的问题
□测量部位准确	□动作不到位
□工具使用规范	□工具使用不规范
□拆装步骤熟悉	□拆装步骤不熟悉
□检测步骤熟悉	□检测步骤不熟悉
□零件摆放整齐	□工具摆放不整齐
□操作用时合理	□操作用时过长
□工作态度端正	□工作态度不够端正

二、小组评价：

我们组做到了：□全员参与　　□分工明确

□工作高效　　□完成了工作任务

三、教师评价：

评 价 内 容	评 价 指 标	星级评定（在相应的等级打√）
1. 活动态度方面	1）态度是否积极，是否主动组织或参与活动 2）与小组同学合作是否良好 3）活动是否认真、善始善终 4）是否勇于克服困难	□一级：☆☆☆☆☆ □二级：☆☆☆☆ □三级：☆☆☆ □四级：☆☆
2. 知识技能方面	1）查阅资料技能 2）实地观察记录能力 3）调查研究能力 4）整理材料能力	□一级：☆☆☆☆☆ □二级：☆☆☆☆ □三级：☆☆☆ □四级：☆☆

【知识巩固】

一、选择题

1. A/F 大于 14.7 的可燃混合气为（　　）。

A. 稀混合气　　B. 浓混合气　　C. 标准混合气　　D. 功率混合气

2. 油箱盖空气阀堵塞会造成（　　）。

A. 油耗增加　　B. 起动困难　　C. 冒黑烟　　D. 混合气变浓

3. 下列不属于燃油供给系统的部件是（　　）。

A. 燃油泵　　B. 喷油器　　C. 空气滤清器　　D. 燃油压力调节器

4. 汽油滤清器上标有“IN”的应接（　　）。

A. 出油管　　B. 进油管

C. 进、出油管均可　　D. 回油管

5. 油泵单向阀关闭不严会造成（　　）。

A. 起动困难　　B. 混合气过浓　　C. 混合气过稀　　D. 冒黑烟

6. 一般电喷发动机点火开关接通时，不起动发动机，燃油泵将（　　）。

A. 不工作　　B. 工作不停

C. 工作几秒后停止工作　　D. 看情况而定

7. 燃油泵中装有（　　），在发动机熄火后，避免输油管中的汽油倒流，保持油路中有一定的残余压力。

A. 安全阀　　B. 单向阀　　C. 旁通阀　　D. 泄压阀

8. 将电动燃油泵置于汽油箱内部的主要目的是（　　）。

A. 便于控制　　B. 降低噪声　　C. 防止气阻　　D. 防止短路故障

二、问答题

1. 电动燃油泵的工作特性是什么？

2. 电动燃油泵的作用是什么？

任务二
喷油器控制电路的检测与维修

【任务描述】

一辆五菱宏光汽车配备 B12 发动机，在行驶过程中出现了发动机抖动、动力不足的故障现象而进店维修。维修人员初步检查后发现发动机运转时发动机故障指示灯常亮，经诊断仪诊断显示为 2 缸喷油器控制电路故障。接下来我们就对喷油器控制电路进行检测与维修。

【学习目标】

1. 能绘制喷油器控制电路图，并在实车上找到电路图中相应元件的具体位置；
2. 能描述喷油器的结构和喷油器控制电路类型；
3. 能对喷油器控制电路中的元件进行正确检测；
4. 能根据电路图分析喷油器控制电路的故障原因；
5. 能制订喷油器控制电路的检修流程；
6. 能借助电路图对喷油器控制电路故障进行诊断与排除；
7. 会填写工作页和记录检修结果。

【学习重点】

1. 根据电路图分析喷油器控制电路的故障原因；
2. 制订喷油器控制电路的检修流程。

【学习难点】

借助电路图对喷油器控制电路故障进行诊断与排除。

【知识准备】

一、喷油器的作用

喷油器实际上是一个电磁阀，它接收 ECU 送来的喷油脉冲信号，把燃油按时、按量喷射给发动机。喷油器的喷油量是由 ECU 所发出的电脉冲宽度来决定的。

二、喷油器的结构类型

喷油器的结构如图 5-3 所示，它由燃油滤网、喷油器插头、电磁线圈、回位弹簧、衔铁、针阀和轴针等组成。当电磁线圈有电流通过时，产生磁场力克服回位弹簧压紧力使针阀顶开，喷油器喷油，当电磁线圈断电时，回位弹簧使针阀复位，喷油器停止喷油。

喷油器的喷孔有孔式、轴针式、片阀式等多种形式。按照喷油器电磁线圈的电阻值来分，有低阻值喷油器和高阻值喷油器两种类型，低阻值喷油器的电阻值一般为 2 ~ 3Ω；高阻值喷油器的电阻值一般为 13 ~ 17Ω。

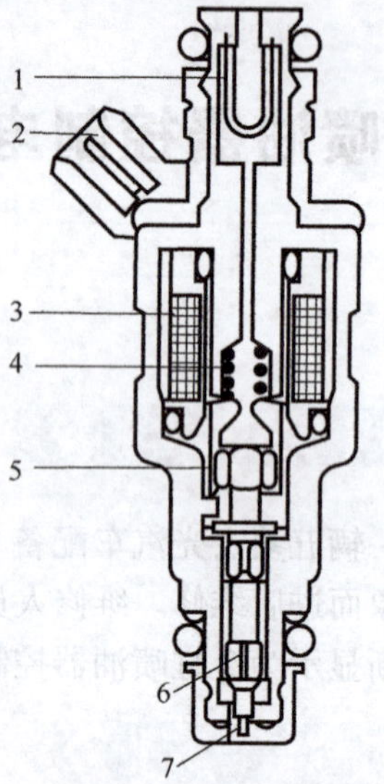

图 5-3　喷油器结构

1—燃油滤网　2—喷油器插头

3—电磁线圈　4—回位弹簧

5—衔铁　6—针阀　7—轴针

三、燃油喷射系统的类型

1）根据对发动机进气量检测的方式不同，燃油喷射系统可分为两种类型：L 型（空气流量型或直接测量型）燃油喷射和 D 型（歧管压力型或间接测量型）燃油喷射。

2）按照燃油的喷射位置，可分为三种类型：单点喷射、多点缸外喷射和多点缸内喷射。

3）按喷射方式可分为三种类型：独立喷射、分组喷射和同时喷射。

4）按喷油器驱动方式可分为电压驱动方式和电流驱动方式两种类型。

四、喷油器控制电路分析

喷油器控制电路如图 5-4 所示，它由电源、熔丝、主继电器、喷油器和 ECU 等组成。

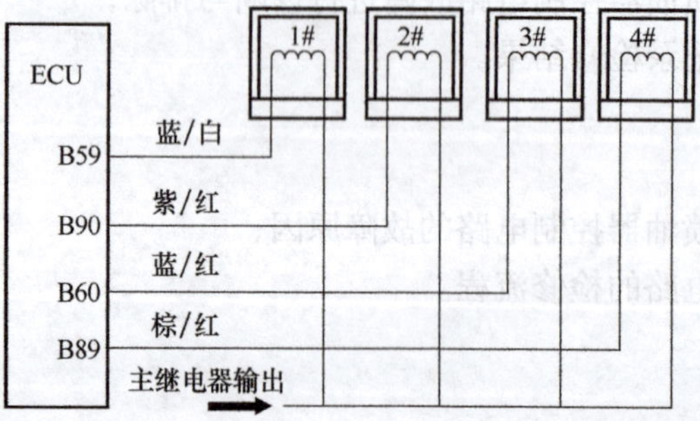

图 5-4　喷油器控制电路

喷油器控制电路的工作原理如图 5-5 所示。喷油器电路的通断由 ECU 决定，而 ECU 根据曲轴位置传感器、空气流量传感器（或进气压力传感器）、冷却液温度传感器、节气门位置传感器、点火开关、氧传感器、车速传感器、蓄电池电压等众多信号决定喷油器通电的脉冲宽度。

五、喷油器的一般检测方法

1）电阻法：低阻值喷油器的电阻值一般为 2 ~ 3Ω，高阻值喷油器的电阻值一般为 13 ~ 17Ω。电阻测量法如图 5-6 所示。

2）电压测量：电源端电压为蓄电池电压，信号端电压约为 10V（B12 发动机）。测量电源端电压和信号端电压如图 5-7 所示。

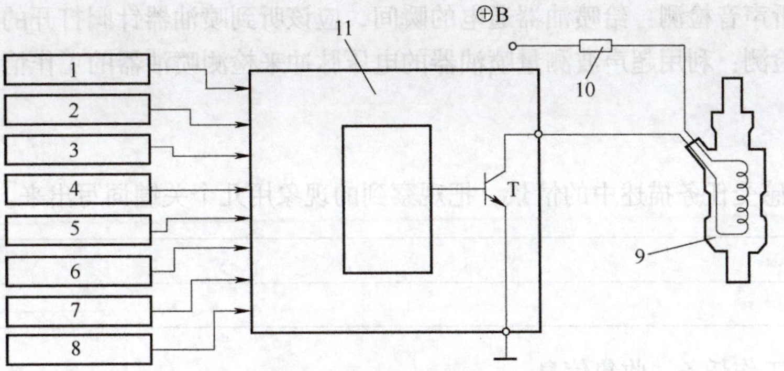

图 5-5　喷油器控制电路

1—曲轴位置传感器　2—空气流量传感器　3—冷却液温度传感器　4—节气门位置传感器　5—点火开关
6—氧传感器　7—车速传感器　8—蓄电池电压　9—喷油器　10—附加电阻　11—ECU

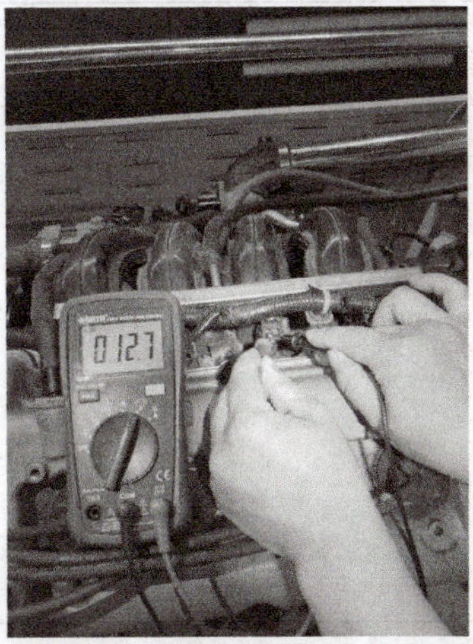

图 5-6　测量喷油器电阻值

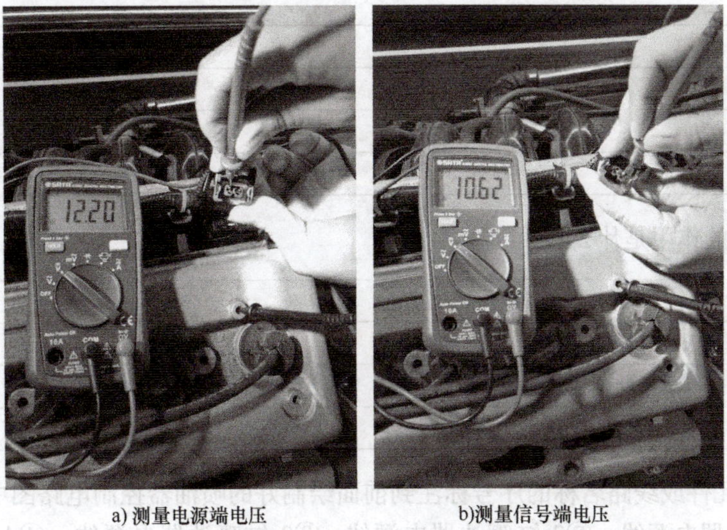

a) 测量电源端电压　　b)测量信号端电压

图 5-7　喷油器电压测量

3）通电听声音检测：给喷油器通电的瞬间，应该听到喷油器针阀打开的声响。

4）波形检测：利用超声波测量喷油器的电压脉冲来检测喷油器的工作情况。

【信息收集】

一、现场感受任务描述中的情景，把观察到的现象用几个关键词写出来。

二、明确工作任务，收集信息。

1. 我们的学习任务是什么？

2. 绘制 B12 发动机喷油控制电路图，完成下列的问题。

绘制喷油器控制电路

1）喷油器控制电路由哪些元件组成？

2）喷油器的作用是什么？

3. 把下列元件或线路名称的序号标注到前面绘制好的喷油器控制电路图中的相应位置。

①1 缸喷油器电源线；②2 缸喷油器电源线；③3 缸喷油器电源线；④4 缸喷油器电源

线；⑤1 缸喷油器信号线；⑥2 缸喷油器信号线；⑦3 缸喷油器信号线；⑧缸喷油器信号线。

4. 根据喷油器控制电路图，分析喷油器的工作过程（写出电路回路和每个回路的作用）。

① 第 1 条电路回路：____

第 1 条电路回路的作用是：____

② 第 2 条电路回路：____

第 2 条电路回路的作用是：____

③ 第 3 条电路回路：____

第 3 条电路回路的作用是：____

④ 第 4 条电路回路：____

第 4 条电路回路的作用是：____

5. 对照自己所绘制的喷油器控制电路图，在车辆上找到相对应元件或线路的具体位置，并完成下列填空。

1）各缸喷油器安装在__________________，当发动机工作时，喷油器把燃油喷射到__________________。

2）B12 发动机 1 缸、2 缸、3 缸、4 缸喷油器的信号端分别进入 ECU 的端子________、________、________、________。

3）B12 发动机 1 缸、2 缸、3 缸、4 缸喷油器信号线的颜色分别是____________、____________、____________、____________。

4）B12 发动机各缸喷油器的电源来自__________________。

6. 结合下列引导性的步骤，完成喷油器控制电路的检测。

1）喷油器电阻值的测量：把喷油器的插接器分开，万用表旋到 200Ω 电阻档，测量喷油器的两个端子之间的电阻，测量到电阻值是______Ω，喷油器的标准电阻值为______Ω。

2）喷油器电源线的测量：把喷油器的插接器分开，打开点火开关，把万用表旋到______档，红表笔接触喷油器电源线端子，黑表笔搭铁，万用表显示电压值为______V，喷油器电源线标准电压为______V。如果测量到的电压值为0V，应该检测主继电器的工作情况，或者是“端对端”测量喷油器电源线的导通情况。

3）喷油器信号线的测量：把喷油器的插接器分开，打开点火开关，把万用表旋到______档，红表笔接触喷油器信号线端子，黑表笔搭铁，万用表显示电压值为______V，喷油器信号线标准电压为______V。如果测量到的电压值为0V，应该测量喷油器信号线的导通情况。

4）用试灯检查喷油器信号线：试灯夹子夹稳电源端，试灯笔接触喷油器信号端，在发动机运转时，试灯应该______。

【制订计划】

一、根据喷油器控制电路图，列举喷油器不工作的可能原因。

____

____

____

____

____

____

____

____

____

二、以小组讨论的方式，制订合理的喷油器不工作故障检修流程（用“①、②、③…”在上述列举出的故障原因中按顺序编号即可）。

三、在下表中选择在检修中可能用到的工量具（在对应的选项中打√即可）。

工量具名称	选　择	
万用表	□可能	□不可能
测试灯	□可能	□不可能
尖嘴钳	□可能	□不可能
跨接线	□可能	□不可能
十字螺钉旋具	□可能	□不可能
一字螺钉旋具	□可能	□不可能
手电筒	□可能	□不可能
其他（请填写具体名称）		

四、要完成本工作任务，你认为下表中哪些事项是必须要遵守的？请在相应的位置打√。

注意事项	选择	
工量具整齐摆放不搁地	□是	□否
“零件、油、水”不落地	□是	□否
测试跨接线时，谨防短路现象	□是	□否
万用表校零	□是	□否
及时记录维修工作数据	□是	□否
维修工作完成后，需要进行工作现场“6S”管理	□是	□否
其他		

五、任务分工，在任务分工表中填写相应职责人员的姓名。

任务分工表

序号	组长	记录员	操作员	备注
1				
2				
3				
4				

【实施计划】

一、结合本小组制订的检修顺序，对喷油器控制电路进行检测与维修，并完成下列表格的填写（表格中检测部位的顺序不一定是标准顺序）。

序号	检测部位	检测数据	结果判断
1	喷油器电源端测量	1 缸：	
		2 缸：	
		3 缸：	
		4 缸：	
2	喷油器信号端测量	1 缸：	
		2 缸：	
		3 缸：	
		4 缸：	
3	喷油器电阻值	1 缸：	
		2 缸：	
		3 缸：	
		4 缸：	
4	熔丝 F10		
5	主继电器		
6	主继电器控制线的测量		
7	ECU		

二、根据上述的所有检测结果，确定故障内容并完成下列表格的填写。

1. 确定的故障部位是：

元件损坏	1)
	2)
	3)
线路故障	1)
	2)
	3)
其他（请详细写明）	1)
	2)
	3)

2. 故障点的排除处理说明（在下列选项中打√即可）：

故障点		故障点处理方法		
序号	故障名称			
故障 1		□更换	□维修	□调整
故障 2		□更换	□维修	□调整
故障 3		□更换	□维修	□调整
故障 4		□更换	□维修	□调整

【检查与考评】

观察员根据操作员的工作过程评分，具体评分细则见下表。

喷油器控制电路检测与维修操作考评表

序号	项目	考核内容	配分	扣分	得分
1	仪容仪表	着装、表情态度	5		
2	学习态度	学习准备、课堂参与度	10		
3	6S 规程	遵守安全操作规程，工量具仪器不落地，物品摆放整齐	10		
4	检测方案	方案正确、实用、有效	15		
5	测量方法	方法正确得当、测量数据准确	25		
6	测量结果	能排除故障	25		
7	安全生产	无人身和设备安全事故发生	10		
总分			100		
评分人：		日期：　年　月　日			

【评价反馈】

一、自我评价：

我做得好的地方	我还存在这些方面的问题
□测量部位准确	□动作不到位
□工具使用规范	□工具使用不规范
□拆装步骤熟悉	□拆装步骤不熟悉
□检测步骤熟悉	□检测步骤不熟悉
□零件摆放整齐	□工具摆放不整齐
□操作用时合理	□操作用时过长
□工作态度端正	□工作态度不够端正

二、小组评价：

我们组做到了：□全员参与　　□分工明确

□工作高效　　□完成了工作任务

三、教师评价：

评 价 内 容	评 价 指 标	星级评定（在相应的等级打√）
1. 活动态度方面	1）态度是否积极，是否主动组织或参与活动 2）与小组同学合作是否良好 3）活动是否认真、善始善终 4）是否勇于克服困难	□一级：☆☆☆☆☆ □二级：☆☆☆☆ □三级：☆☆☆ □四级：☆☆
2. 知识技能方面	1）查阅资料技能 2）实地观察记录能力 3）调查研究能力 4）整理材料能力	□一级：☆☆☆☆☆ □二级：☆☆☆☆ □三级：☆☆☆ □四级：☆☆

【知识巩固】

一、选择题

1. 喷油器滴漏会引起（　　）。

A. 油耗增加　　B. 起动困难

C. 冒黑烟　　D. 混合气变浓

2. 多点缸外喷射的喷油器安装在哪个位置？（　　）

A. 进气总管　　B. 节气门体上

C. 空气流量传感器附近　　D. 进气歧管末端靠近进气门处

3. 对喷油量起决定性作用的是（　　）。

A. 空气流量传感器　　B. 冷却液温度传感器

C. 氧传感器　　D. 节气门位置传感器

4. 单点喷射系统采用下列哪种喷射方式（　　）。

A. 同时喷射　　B. 分组喷射　　C. 顺序喷射　　D. 上述都不对

5. 在速度密度型的喷油系统中，对喷油器的接通时间或喷油持续期影响最大的传感器是（　　）。

A. 质量空气流量传感器　　B. 进气歧管绝对压力传感器

C. 氧传感器　　D. 发动机冷却液温度传感器

6. 高阻式喷油器电磁线圈的电阻为（　　）。

A. 12 ~ 17Ω　　B. 17 ~ 22Ω　　C. 22 ~ 27Ω　　D. 8 ~ 12Ω

7. 下面哪一种不是减速断油的必要条件？（　　）

A. 节气门在开的状态　　B. 发动机达到正常温度

C. 发动机转速高于额定值　　D. 汽车高速滑行

8. 下列哪种信号，不是用来确定基本喷油量的？（　　）

A. 发动机转速　　B. 空气流量信号

C. 进气温度信号　　D. 节气门位置信号

9. 当结构确定后，电磁喷油器的喷油量主要决定于（　　）。

A. 喷油脉宽　　B. 点火提前角

C. 工作温度　　D. 发动机工况

10. 向 ECU 输入信号，实现超速断油控制的传感器是（　　）。

A. 节气门位置传感器　　B. 冷却液温度传感器

C. 车速传感器　　D. 进气压力传感器

11. 起动期间，基本燃油喷射时间是由（　　）信号决定的。

A. 发动机转速　　B. 冷却液温度

C. 进气量　　D. 进气温度

12. 与轴针式喷油器相比，孔式喷油器的特点是（　　）。

A. 不易堵　　B. 动态响应差

C. 流量范围大　　D. 密封差

13. 喷油器的无效喷油期主要受（　　）的影响。

A. 电压　　B. 电流　　C. 电阻　　D. 转速

二、填空题

填写下图空格处输入信号的名称。

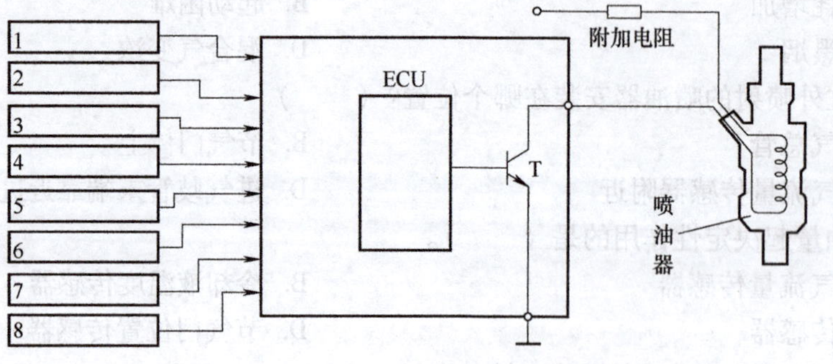

任务三
点火线圈控制电路的检测与维修

【任务描述】

一辆五菱宏光汽车，半路上出现突然熄火现象，再次打火时发现车辆无法起动，并且没有点火迹象，经初步检查确定是点火线圈控制电路故障。现在，我们的工作任务是对这辆车的点火线圈控制电路进行检查，找到故障部位，排除故障。

【学习目标】

1. 能准确叙述点火线圈的作用，并在车上找到点火线圈的安装位置；
2. 能叙述点火线圈的工作原理；
3. 能绘制点火线圈控制电路图，根据电路图分析点火线圈控制电路的故障原因；
4. 能制订点火线圈控制电路的检修流程；
5. 借助电路图对点火线圈故障进行诊断与排除；
6. 会填写工作页，记录检修结果。

【学习重点】

1. 绘制点火线圈控制电路图，根据电路图分析点火线圈故障的原因；
2. 制订点火线圈控制电路的检修流程。

【学习难点】

借助电路图对点火线圈故障进行诊断与排除。

【知识准备】

一、点火线圈概述

点火线圈一般包含着点火控制器，所以有时候也把点火线圈简称为点火器。

点火线圈的作用是把 12V 的低压直流电转变为 15～30KV 的瞬间高压电。

五菱宏光汽车点火线圈包含点火控制器，属双缸同时点火方式。五菱宏光汽车点火器控制两个点火线圈，每个点火线圈同时给两个缸的火花塞供电，控制电路组成如图 5-8 所示。点火线圈低压部分包含 3 个端子，分别是端子 A、端子 B、端子 C，端子 A 是 1、4 缸的信号控制端，接入 ECU 端子 A32；端子 B 是点火线圈的电源端，从 F10 熔丝过来；端子 C 是 2、3 缸的信号控制端，接入 ECU 端子 A31。点火线圈的接线端子如图 5-9 所示。

点火线圈分为一次线圈和二次线圈，当一次电路导通时，有电流从点火线圈中的一次线圈通过，一次线圈将点火能量以磁场的形式储存起来。当一次电路被切断时，二次线圈中就会产生很高的感应电动势（15～30kV），经高压分线送给各缸的火花塞。

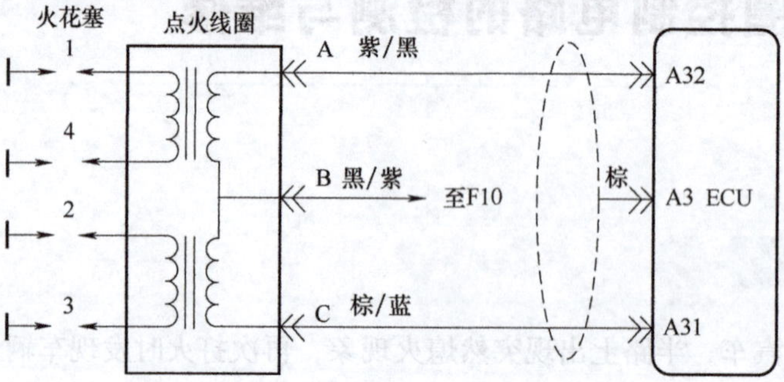

图 5-8 点火线圈控制电路

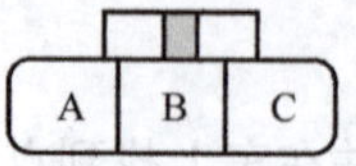

图 5-9 点火线圈的接线端子

二、点火线圈控制电路的检测分析

点火线圈控制电路的检测分析详见下表。

序号	检测内容	检测方法	检测图示
1	点火线圈电源电压检测	拔下点火线圈插接器，点火开关置于 ON 位，测量 B 端子搭铁电压应为蓄电池电压	
2	点火线圈信号检测	拔下点火线圈插接器，用试灯夹子夹蓄电池正极，试灯笔接触点火线圈控制端 A 端子或 C 端子，起动发动机时试灯应该闪亮	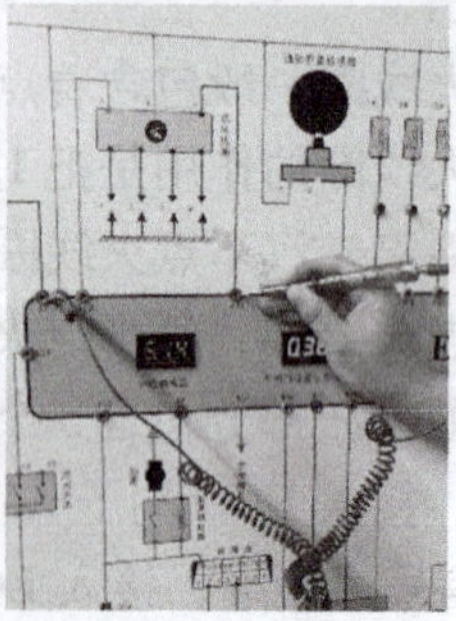

（续）

序号	检测内容	检测方法	检测图示
3	一次线圈电阻检测	拔下点火线圈插接器和高压分线，用欧姆档测量一次线圈 B-A 和 B-C 的电阻值，约为 1 ~2Ω	
4	二次线圈电阻检测	拔下点火线圈插接器和高压分线，用欧姆档测量二次线圈阻值，应为 10kΩ 左右	

三、点火线圈控制电路的故障原因

点火线圈控制电路具体的故障形式是没有高压电输出，故障原因有：

1）点火线圈电源线 B 端子无电。

① 点火线圈电源线断路或搭铁；

② 熔丝 F10 断路；

③ 主继电器工作不正常。

2）点火线圈信号线 A- A32 或 C- A31 断路或搭铁。

3）ECU 损坏。

4）点火线圈损坏。

【信息收集】

一、现场感受任务描述中的情景，把观察到的现象用几个关键词写出来。

1. 发动机是否能够起动？

2. 发动机是否有点火迹象？

二、明确工作任务，收集信息。

1. 我们的学习任务是什么？点火线圈的作用是什么？

1）学习任务：

2）点火线圈的作用：

2. 为顺利完成本学习任务，请按要求完成下列信息的收集。

1）绘制点火线圈控制电路图，分析点火线圈的控制原理。

① 点火线圈控制电路图：

② 点火线圈的控制原理分析：

2）写出点火线圈的测量方法：

3. 对照自己所绘制的点火线圈控制电路图，在车辆上找到相对应元件或线路的具体位置，并完成下列填空。

1）主继电器：安装在__________________________，有______个针脚，针脚的编号分别为______、______、______、______。

2）点火开关：安装在__________________________，有______个接线柱，分别是______、______、______。

3）熔丝 F10 安装在_________________，其输入端来自蓄电池的______极，输出端接进点火线圈的______端。

4）点火线圈安装在_________________，其低压部分有______个接线端子，分别是______端子、______端子和______端子。

5）点火线圈低压部分的 A 端子连接到 ECU 的______端子，线的颜色是______。

6）点火线圈低压部分的 C 端子连接到 ECU 的______端子，线的颜色是______。

7）点火线圈低压部分的 B 端子连接到主继电器的______端子，线的颜色是______。

8）五菱宏光汽车点火线圈采用双缸同时点火的点火方式，______缸和______缸共用一个点火线圈，______缸和______缸共用另一个点火线圈。

4. 结合下列引导性的步骤，完成点火线圈控制电路的检测。

1）熔丝性能的检测：拔下熔丝，把万用表旋到______档，万用表两个表笔分别接触熔丝的两个针脚，万用表显示的数值为______Ω。熔丝的电阻值可以看作是 0Ω，你所检测的熔丝是________（好的或者是坏的）。

2）测量主继电器性能：

① 观察主继电器的外形，画出端子图，并且注明端子的号脚。

绘制主继电器端子图

② 主继电器线圈电阻的检测：把万用表旋到______档，两表笔分别接触继电器的“85”和“86”端子，万用表显示电阻值为______Ω，继电器线圈的标准电阻值约为______Ω。

③主继电器触点的检测：把蓄电池的正、负极分别接到继电器的“85”和“86”端子，此时应该听到继电器接点的闭合声响，此时用万用表的“200Ω”电阻档测量继电器的______端子和______端子，万用表的读数是______Ω。

3）测量点火线圈一次线圈电阻值：

① 观察点火线圈的接线端子，画出端子的外形图，并且标注端子的代号。

绘制点火线圈接线端子图

② 把万用表旋扭到______档，两表笔分别接触点火线圈端子的“B-A”或“B-C”，万用表显示电阻值为______Ω，点火线圈一次线圈的标准电阻值约为______Ω，点火线圈一次线圈阻值是否正常______（是或否）。

4）测量点火线圈二次线圈电阻值：把万用表旋扭到______档，两表笔分别接触点火线圈高压输出端子的“1-4”或“2-3”，万用表显示电阻值为______Ω，点火线圈二次线圈的标准电阻值约为______Ω，二次线圈阻值是否正常______（是或否）。

5）点火线圈信号线的检测：

① 拔下点火线圈的插接器，把万用表旋到______档，两表笔分别接触点火线圈的 A 端子（或 C 端子）和示教板上 ECU 端子 A32（或 A31），此时万用表显示的电阻值应接近于 0Ω，实际显示电阻值为______Ω。如果此时万用表显示数值为无穷大，说明点火线圈信号线______，应把它连接好。

② 用试灯夹子夹蓄电池正极，试灯笔接触示教板上 ECU 端子 A32（或 A31），起动发动机，试灯应该______，否则说点火线圈信号线没有控制，应检查曲轴位置传感器或凸轮轴位置传感器的信号是否正常。

6）点火线圈电源线的检测：

① 把万用表旋到“20V”直流电压档，拔下点火线圈插接器，点火开关置于 ON 位，红表笔接触点火线圈 B 端子，黑表笔__________，此时万用表显示的电压应该为蓄电池电压，实际显示电压值为______V。如果此时测量到的电压不符合规定值，应进一步检测点火线圈电源线的通断情况或者是检查________输出端的电压值。

② 把万用表旋到“200Ω”电阻档，关闭点火开关，拔下点火线圈插接器，红表笔接触点火线圈 B 端子，黑表笔接触________87 号输出端子座孔，此时万用表显示的电阻值应接近于 0Ω，实际显示电阻值为______Ω。如果此时万用表显示数值为无穷大，说明点火线圈电源线______，应把它连接好。

【制订计划】

一、根据点火线圈控制电路图，结合点火线圈的工作原理，列举点火线圈控制电路的故障原因。

二、以小组讨论的方式，制订合理的点火线圈故障检修流程（用“①、②、③…”在上述列举出的故障原因中按顺序编号即可）。

三、在下表中选择在检修中可能用到的工量具（在对应的选项中打√即可）。

工量具名称	选　择	
万用表	□可能	□不可能
测试灯	□可能	□不可能
尖嘴钳	□可能	□不可能
跨接线	□可能	□不可能
十字螺钉旋具	□可能	□不可能
一字螺钉旋具	□可能	□不可能
手电筒	□可能	□不可能
其他（请填写具体名称）		

四、要完成本工作任务，你认为下表中哪些事项是必须要遵守的？在相应的位置打√。

注意事项	选　择	
工量具整齐摆放不搁地	□是	□否
“零件、油、水”不落地	□是	□否
跨接线测试时，谨防短路现象	□是	□否
万用表校零	□是	□否
及时记录维修工作数据	□是	□否
维修工作完成后需要进行工作现场“6S”管理	□是	□否
其他		

五、任务分工，在任务分工表中填写相应职责人员的姓名。

任务分工表

序　号	组　长	记 录 员	操 作 员	备　注
1				
2				
3				
4				

【实施计划】

一、结合本小组制订的检修顺序，对点火线圈控制电路进行检测与维修，并完成下列表格的填写（下表格中检测部位的顺序不一定是标准顺序）。

序　号	检测部位	检测数据	结果判断
1	蓄电池电压		
2	点火线圈电源线（测量电压）		
3	点火线圈电源线（端对端测阻值）		
4	熔丝 F10		
5	主继电器		
6	点火线圈信号线 A-A32（测量信号）		
7	点火线圈信号线 A-A32（端对端测阻值）		
8	点火线圈信号线 C-A31（测量信号）		
9	点火线圈信号线 C-A31（端对端测阻值）		
10	点火线圈一次线圈阻值		
11	点火线圈二次线圈阻值		
12	ECU		

二、根据上述的所有检测结果，确定故障内容并完成下列表格的填写。

1. 确定的故障部位是：

元件损坏	1)	
	2)	
	3)	
线路故障	1)	
	2)	
	3)	
其他（请详细写明）	1)	
	2)	
	3)	

2. 故障点的排除处理说明（在下列选项中打√即可）：

故障点		故障点处理方法		
序号	故障名称			
故障1		□更换	□维修	□调整
故障2		□更换	□维修	□调整
故障3		□更换	□维修	□调整
故障4		□更换	□维修	□调整

【检查与考评】

观察员根据操作员的工作过程评分，具体评分细则见下表。

点火线圈控制电路检测与维修操作考评表

序号	项目	考核内容	配分	扣分	得分
1	仪容仪表	着装、表情态度	5		
2	学习态度	学习准备、课堂参与度	10		
3	6S 规程	遵守安全操作规程，工量具仪器不落地，物品摆放整齐	10		
4	检测方案	方案正确、实用、有效	15		
5	测量方法	方法正确得当、测量数据准确	25		
6	测量结果	能排除故障	25		
7	安全生产	无人身和设备安全事故发生	10		
		总分	100		
评分人：		日期： 年 月 日			

【评价反馈】

一、自我评价：

我做得好的地方	我还存在这些方面的问题
□测量部位准确	□动作不到位
□工具使用规范	□工具使用不规范
□拆装步骤熟悉	□拆装步骤不熟悉
□检测步骤熟悉	□检测步骤不熟悉
□零件摆放整齐	□工具摆放不整齐
□操作用时合理	□操作用时过长
□工作态度端正	□工作态度不够端正

二、小组评价：

我们组做到了：□全员参与　□分工明确

□工作高效　□完成了工作任务

三、教师评价：

评价内容	评价指标	星级评定（在相应的等级打√）
1. 活动态度方面	1）态度是否积极，是否主动组织或参与活动 2）与小组同学合作是否良好 3）活动是否认真、善始善终 4）是否勇于克服困难	□一级：☆☆☆☆☆ □二级：☆☆☆☆ □三级：☆☆☆ □四级：☆☆
2. 知识技能方面	1）查阅资料技能 2）实地观察记录能力 3）调查研究能力 4）整理材料能力	□一级：☆☆☆☆☆ □二级：☆☆☆☆ □三级：☆☆☆ □四级：☆☆

【知识巩固】

选择题

1. 一般来说，缺少了（　　）信号，电子点火系统将不能点火。
   A. 进气量　B. 冷却液温度　C. 转速　D. 上止点
2. ECU 根据（　　）信号对点火提前角实行反馈控制。
   A. 冷却液温度传感器　B. 曲轴位置传感器
   C. 爆燃传感器　D. 车速传感器
3. 电子控制点火系统由（　　）直接驱动点火线圈进行点火。
   A. ECU　B. 点火控制器　C. 分电器　D. 转速信号
4. 传统点火系与电子点火系统最大的区别是（　　）。
   A. 点火能量的提高　B. 断电器触点被点火控制器取代
   C. 曲轴位置传感器的应用　D. 点火线圈的改进
5. 电控点火系统的火花塞间隙一般为（　　）。
   A. 0.35～0.45mm　B. 0.6～0.8mm
   C. 1.0～1.2mm　D. 1.2～1.4 mm
6. 点火闭合角主要是通过（　　）加以控制的。
   A. 通电电流　B. 通电时间　C. 通电电压　D. 通电速度
7. 关于点火控制电路维修下列说法正确的一项为（　　）。
   A. 发动机怠速时，检查点火器“IGT”端子与搭铁之间应无脉冲信号
   B. 发动机怠速时，检查点火器“IGT”端子与搭铁之间应有脉冲信号
   C. 怠速时检查 ECU 的“IGF”端子与搭铁之间应无脉冲信号
   D. 点火开关接通后，用万用表检查点火线圈的“+”与搭铁之间的电压应为 5V
8. 采用电控点火系统时，发动机实际点火提前角与理想点火提前角关系为（　　）
   A. 大于　B. 等于　C. 小于　D. 接近于
9. 点火线圈一次电路的接通时间取决于（　　）。
   A. 断电器触电的闭合角　B. 发动机转速
   C. A、B 都正确　D. A、B 都不正确

任务四 废气再循环装置的检测与维修

【任务描述】

一辆五菱宏光汽车，车主反映：发动机故障指示灯点亮，低速有“游车”现象。维修技师通过使用故障诊断仪初步诊断，读出故障码为 P0404，为废气再循环控制装置出现故障。现在需要对废气再循环控制装置进行检测，确认故障部位并进行维修。

【学习目标】

1. 能准确讲述废气再循环控制装置的功用及基本结构；
2. 能准确讲述废气再循环控制装置工作原理；
3. 能检测废气再循环控制装置的相关元件及控制电路；
4. 会填写工作页，记录检修结果。

【学习重点】

1. 检测废气再循环控制装置的相关元件及控制电路；
2. 废气再循环控制装置工作原理。

【学习难点】

检测废气再循环控制装置的相关元件及控制电路。

【知识准备】

一、废气再循环控制装置概述

废气再循环控制装置简称为 EGR，是目前用来降低汽车尾气中氮氧化合物（NO_x）排量的一种有效装置。EGR 有内部循环和外部循环两种，内部循环是指发动机在排气时不排干净，特意留一部分废气在气缸内和下一次循环的新鲜混合气混合燃烧。外部循环是指将一部分排气引入进气管与新混合气混合后进入气缸重新燃烧。

1. EGR 控制装置的工作原理

EGR 将适当的废气引入气缸重新参加燃烧，利用废气中 CO_2、N_2、H_2O、NO_2 等多原子分子和惰性气体吸热性能强的特性，吸收气缸内的部分热量，从而降低气缸的最高温度，破坏 NO_x 的生成条件，减少 NO_x 的生成量。EGR 率是指再循环的废气量与吸入气缸的进气总量之比，公式如下：

$$EGR率 = [EGR量/(进气量 + EGR量)] \times 100\%$$

2. 不允许进行废气再循环的工况

由于废气再循环将不可避免地降低可燃混合气的燃烧质量，从而降低发动机的动力性能，因此在某些工况，ECU是不允许进行废气再循环的。不允许进行废气再循环工况有：

① 发动机起动时；

② 节气门位置传感器的怠速触点接通时；

③ 发动机冷却液温度低于60℃时；

④ 发动机转速低于900r/min或高于3200r/min时。

二、可变EGR率的电子式EGR控制

可变EGR率是指进入发动机的废气量能随着发动机工况的变化而变化的。B12发动机的废气再循环装置具备可变EGR率的功能，它主要由EGR电磁阀和EGR管路组成。其中EGR电磁阀内部有位置传感器和电磁线圈，电路如图5-10所示，内部结构如图5-11所示。

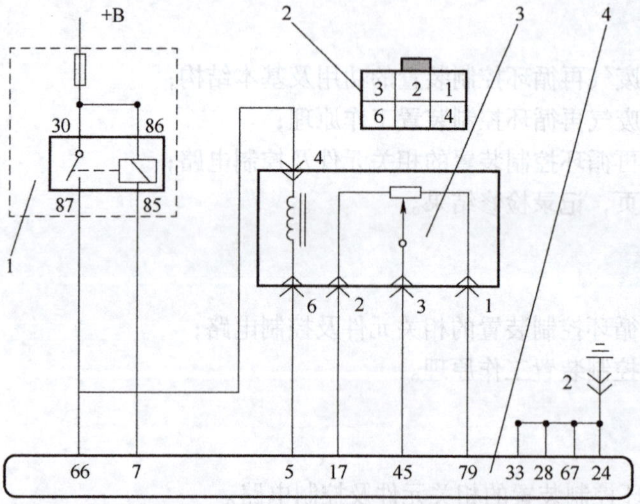

图5-10 五菱宏光汽车B12发动机EGR控制电路

1—主继电器 2—插接器端子 3—电磁阀和位置传感器 4—ECU

三、EGR阀的常见故障及检测方法

EGR阀的热负荷大，工作环境差，易脏、易堵，造成锥阀发卡，其常见的故障有：锥阀常开—发卡关不严，造成低速和高速工况“游车”；锥阀常关—中等负荷不投入工作，NO_x生成物多。

1. 装有真空EGR阀的检测方法

1）一般检查。怠速时拆下EGR阀上的真空软管，发动机转速应无变化，用手触试真空软管应无真空吸力；发动机温度达到正常工作温度后，怠速时检查结果应与冷机时相同，若转速提高到2500r/min左右，拆下真空软管，发动机转速有明显提高。

2）起动发动机，使发动机达到正常工作温度，踩下加速踏板，使发动机转速达到2000r/min以上，这时EGR阀拉杆应能随发动机转速的变化而动作。

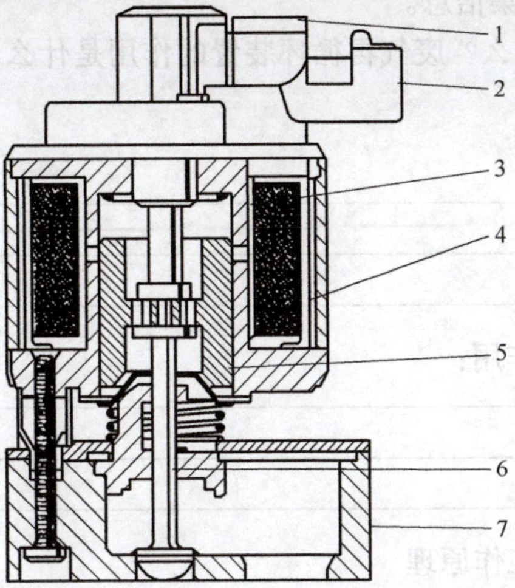

图 5-11　五菱宏光汽车 B12 发动机 EGR 阀结构

1—传感器盖　2—针阀位置传感器　3—磁极　4—线圈总成　5—电枢套　6—针阀　7—电极及基座总成

3）如果 EGR 阀拉杆不动作，关闭发动机，用手指移动拉杆，检查是否运动自如，如果不能移动，可将 EGR 阀拆下进行清洗，若还不能移动，则应更换新的 EGR 阀。

4）如果 EGR 阀拉杆用手能移动，可起动发动机，拔下 EGR 阀上的真空软管，用真空测量仪检查有无真空吸力，如果没有真空吸力，则说明 EGR 控制部分有故障，应进一步检查。

5）EGR 阀的检查。拆下 EGR 阀并进行解体，检查 EGR 阀中的膜片是否有破损，是否存在真空泄漏；如果存在破损，产生真空泄漏，则应更换 EGR 阀。

2. 装有位置传感器电磁阀的 EGR 检测方法（B12 发动机）

通过测量相应端子的电压值和电阻值进行判断详见表 5-2。

表 5-2　五菱宏光汽车 B12 发动机 EGR 电磁阀的检测参数

线号	线色	功能定义	检测参数		
			线路状态	工作时	电阻值
①	红/蓝	5V 传感器电源	5.0V	5.0V	③-②之间的电阻值随发动机转速变化而变化
②	绿/黑	传感器搭铁	0V	0V	
③	黄/红	传感器信号线	4.9V	0.7～2.5V	
④	红白	主继电器供电	12.0V	12.0V	8.0Ω 左右
⑥	白黑	EGR 阀回路线	4.43V	工作时，0～12V 变化	

【信息收集】

一、现场感受任务描述中的情景，把观察到的现象用几个关键词写出来。

二、明确工作任务，收集信息。

1. 我们的学习任务是什么？废气再循环装置的作用是什么？废气再循环装置工作原理是什么？

1）学习任务：

____

____

____

2）废气再循环装置的作用：

____

____

____

3）废气再循环装置的工作原理

____

____

____

2. 在下图中标出废气再循环电磁阀的组成部件。

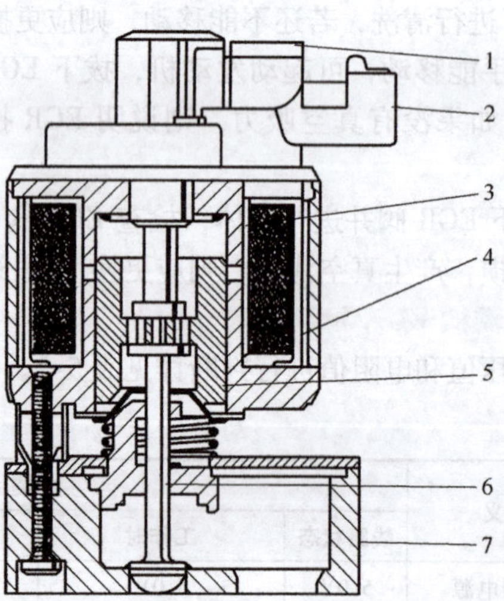

1 ________ 2 ________ 3 ________

4 ________ 5 ________ 6 ________ 7 ________

3. 绘制 B12 发动机 EGR 电磁阀控制电路图，写出其检测方法。

1）绘制 B12 发动机 EGR 电磁阀控制电路图：

2）B12 发动机 EGR 电磁阀检测方法：

4. 对照自己所绘制的 B12 发动机 EGR 电磁阀控制电路图，在车辆上找到相对应元件或线路的具体位置，并完成下列填空。

1）EGR 电磁阀 4 号端子是电磁线圈的电源端，它来自主继电器的______号端子，连接线的颜色是________。

2）EGR 电磁阀 6 号端子是电磁线圈的控制回路端，它进入 ECU 的______号端子，连接线的颜色是______。

3）EGR 电磁阀 1 号端子是位置传感器的电源端，它来自 ECU 的______号端子，连接线的颜色是________。

4）EGR 电磁阀 2 号端子是位置传感器的搭铁端，它通过 ECU 的______号端子进行搭铁，连接线的颜色是_______。

5）EGR 电磁阀 3 号端子是位置传感器的信号端，它把信号送入 ECU 的______号端子，连接线的颜色是________。

5. 结合下列引导性的步骤，完成 EGR 电磁阀的检测。

1）请观察 B12 发动机 EGR 电磁阀的接线端子，画出端子图。

绘制 EGR 电磁阀端子图

2）电磁线圈电源线的检测：拔下 EGR 电磁阀插接器，接通点火开关，把万用表旋到 20V 档，万用表红表笔接触 4 号端子，黑表笔搭铁，此时万用表显示的电压应该为蓄电池电压，实际显示电压值为______V。如果此时测量到的电压不符合规定值，应进一步检测电磁线圈电源线的通断情况或者检查________输出端的电压值。

3）电磁线圈控制线的检测：拔下 EGR 电磁阀插接器，断开蓄电池负极，断开 ECU 插接器，测量 EGR 电磁阀 6 号端子与 ECU 5 号端子之间的电阻值，此时万用表显示的电阻值应接近于 0Ω，实际显示电阻值为______Ω。如果此时万用表显示数值为无穷大，说明电磁线圈控制线______，应把它连接好。

4）电磁线圈电阻值的检测：拔下 EGR 电磁阀插接器，把万用表旋到电阻档，两个表笔分别接触电磁阀的端子 4 和端子 6，此时万用表显示的电阻值为 8Ω 左右，实际显示电阻值为______Ω。

5）EGR 位置传感器电源线的检测：拔下 EGR 电磁阀插接器，接通点火开关，把万用表旋到 20V 档，万用表红表笔接触 1 号端子，黑表笔搭铁，此时万用表显示的电压应该为 5V，实际显示电压值为______V。如果此时测量到的电压不符合规定值，应进一步检测传感器电源线的通断情况或者检查 ECU 的好坏。

6）EGR 位置传感器搭铁线的检测：拔下 EGR 电磁阀插接器，断开蓄电池负极，断开 ECU 插接器，测量 EGR 电磁阀 2 号端子与 ECU 17 号端子之间的电阻值，此时万用表显示的电阻值应接近于 0Ω，实际显示电阻值为______Ω。如果此时万用表显示数值为无穷大，说明传感器搭铁线______，应把它连接好。

7）EGR 位置传感器信号线的检测：拔下 EGR 电磁阀插接器，断开蓄电池负极，断开 ECU 插接器，测量 EGR 电磁阀 3 号端子与 ECU 45 号端子之间的电阻值，此时万用表显示的电阻值应接近于 0Ω，实际显示电阻值为______Ω。如果此时万用表显示数值为无穷大，说明传感器信号线______，应把它连接好。

8）EGR 位置传感器信号电压的检测：用背插针分别背插入传感器的 3 号和 2 号端子，起动发动机，把万用表旋到 20V 档，万用表红表笔接触 3 号端子，黑表笔接触 2 号端子，其电压应随着发动机转速升高而增大。

【制订计划】

一、根据 EGR 控制电路图，列举 EGR 控制装置的故障原因。

____

____

____

____

____

____

____

____

二、以小组讨论的方式，制订合理的 EGR 控制装置故障检修流程（用“①、②、③…”在上述列举出的故障原因中按顺序编号即可）。

三、在下表中选择在检修中可能用到的工量具（在对应的选项中打√即可）。

工量具名称	选	择
万用表	□可能	□不可能
测试灯	□可能	□不可能
尖嘴钳	□可能	□不可能
跨接线	□可能	□不可能
十字螺钉旋具	□可能	□不可能
一字螺钉旋具	□可能	□不可能
手电筒	□可能	□不可能
诊断仪	□可能	□不可能
其他（请填写具体名称）		

四、要完成本工作任务，你认为下表中哪些事项是必须要遵守的？在相应的位置打√。

注意事项	选	择
工量具整齐摆放不搁地	□是	□否
“零件、油、水”不落地	□是	□否
跨接线测试时，谨防短路现象	□是	□否
万用表校零	□是	□否
及时记录维修工作数据	□是	□否
维修工作完成后需要进行工作现场“6S”管理	□是	□否
其他		

五、任务分工，在任务分工表中填写相应职责人员的姓名。

任务分工表

序号	组长	记录员	操作员	备注
1				
2				
3				
4				

【实施计划】

一、确认故障现象：

起动发动机，观察发动机的故障现象，请在下列描述中选择最恰当的划“√”。

□发动机低速“游车”

□发动机高速“游车”

二、读取故障码，检查动态数据流：

1. 连接故障诊断仪，打开点火开关，读取故障码：________________。

2. 清除故障码，再次读取故障码：________________________。

三、目视检查废气再循环控制装置：

1. 废气再循环控制装置管路连接是否松动、是否有泄漏________；
2. 废气再循环控制装置插接器有无松动：________；
3. 拔出插接器，观察是否有腐蚀或松动：________；
4. 废气再循环控制装置插接器导线根数：________。

四、结合本小组制订的检修顺序，对 EGR 控制装置进行检测与维修，并完成下列表格的填写（表格中检测部位的顺序不一定是标准顺序）。

序　号	检测部位	检测数据	结果判断
1	蓄电池电压		
2	电磁线圈电源线（测量电压）		
3	电磁线圈电源线（端对端测阻值）		
4	电磁线圈控制线（端对端测阻值）		
5	电磁线圈电阻值		
6	位置传感器电源线（端对端测阻值）		
7	位置传感器电源线（测量电压）		
8	位置传感器搭铁线（端对端测阻值）		
9	位置传感器信号线（测量电压）		
10	位置传感器信号线（端对端测阻值）		
11	ECU		

五、根据上述的所有检测结果，确定故障内容并完成下列表格的填写。

1. 确定的故障部位是：

元件损坏	1）
	2）
	3）
线路故障	1）
	2）
	3）
其他（请详细写明）	1）
	2）
	3）

2. 故障点的排除处理说明（在下列选项中打√即可）：

故障点		故障点处理方法		
序　号	故障名称			
故障 1		□更换	□维修	□调整
故障 2		□更换	□维修	□调整
故障 3		□更换	□维修	□调整
故障 4		□更换	□维修	□调整

【检查与考评】

观察员根据操作员的工作过程评分，具体评分细则见下表。

EGR 控制装置的检测与维修操作考评表

序号	项 目	考 核 内 容	配分	扣分	得分
1	仪容仪表	着装、表情态度	5		
2	学习态度	学习准备、课堂参与度	10		
3	6S 规程	遵守安全操作规程，工量具仪器不落地，物品摆放整齐	10		
4	检测方案	方案正确、实用、有效	15		
5	测量方法	方法正确得当、测量数据准确	25		
6	测量结果	能排除故障	25		
7	安全生产	无人身和设备安全事故发生	10		
		总分	100		
评分人：		日期： 年 月 日			

【评价反馈】

一、自我评价：

我做得好的地方	我还存在这些方面的问题
□测量部位准确	□动作不到位
□工具使用规范	□工具使用不规范
□拆装步骤熟悉	□拆装步骤不熟悉
□检测步骤熟悉	□检测步骤不熟悉
□零件摆放整齐	□工具摆放不整齐
□操作用时合理	□操作用时过长
□工作态度端正	□工作态度不够端正

二、小组评价：

我们组做到了：□全员参与　　□分工明确

□工作高效　　□完成了工作任务

三、教师评价：

评 价 内 容	评 价 指 标	星级评定（在相应的等级打√）
1. 活动态度方面	1）态度是否积极，是否主动组织或参与活动 2）与小组同学合作是否良好 3）活动是否认真、善始善终 4）是否勇于克服困难	□一级：☆☆☆☆☆ □二级：☆☆☆☆ □三级：☆☆☆ □四级：☆☆
2. 知识技能方面	1）查阅资料技能 2）实地观察记录能力 3）调查研究能力 4）整理材料能力	□一级：☆☆☆☆☆ □二级：☆☆☆☆ □三级：☆☆☆ □四级：☆☆

【知识巩固】

一、选择题

1. 将废气再循环（EGR）阀上的真空软管取下，并用塞子将管口塞住，将真空表接到进气歧管上，将发动机缓慢加速到2500r/min，观察真空表读数。若真空表读数瞬间下降后又回升到原有水平，并能稳定地保持在这一水平至少15s，则说明三元催化转化器（　　）。

A. 没有堵塞　　B. 堵塞　　C. 转化效率降低

2. 将废气再循环（EGR）阀上的真空软管取下，并用塞子将管口塞住，将真空表接到进气歧管上，将发动机缓慢加速到2500r/min，观察真空表读数。若真空表读数下降，则说明三元催化转化器（　　）。

A. 没有堵塞　　B. 堵塞　　C. 转化效率降低

3. 从二次空气喷射管路上脱开接空气泵止回阀的接头，再在二次字气喷射管路中接入一个压力表。在发动机转速为2500r/min时观察压力表的读数，此时压力表的读数应该小于17.24kPa，如果排气背压大于或等于20.70kPa，则表明排气系统（　　）。

A. 正常　　B. 泄漏　　C. 堵塞

4. 废气再循环装置是在发动机工作过程中，将一部分废气引入进气歧管，返回气缸内进行再循环，降低发动机的最高燃烧温度，以减少（　　）的排放量。

A. CO　　B. HC　　C. NO_x

5. 废气再循环装置在下列（　　）工况下，该装置工作。

A. 冷车　　B. 怠速　　C. 中负荷　　D. 高速

二、简答题

1. EGR率

2. EGR控制装置的工作原理

3. 不允许进行废气再循环的工况有哪些？

任务五 汽油蒸发排放控制系统的检测与维修

【任务描述】

一辆五菱宏光汽车，车主反映发动机怠速异常，维修技师通过多方面的检查诊断，发现是汽油蒸发排放控制系统出现故障。现在需要对汽油蒸发排放控制系统进行检测，确认故障部位并进行维修。

【学习目标】

1. 能准确讲述汽油蒸发排放控制系统的功用及基本构成；
2. 能准确讲述汽油蒸发排放控制系统的工作原理；
3. 能检测汽油蒸发排放控制系统的相关元件及控制电路；
4. 会填写工作页，记录检修结果。

【学习重点】

1. 检测汽油蒸发排放控制系统的相关元件及控制电路；
2. 汽油蒸发排放控制系统的工作原理。

【学习难点】

检测汽油蒸发排放控制系统的相关元件及控制电路。

【知识准备】

一、汽油蒸发排放控制系统的概述

为了防止燃油蒸气从燃油箱等部位直接排向大气而产生污染，在现代汽车上，一般采用由 ECU 控制的活性炭罐式燃油蒸发控制系统来进行控制。

1. 汽油蒸发排放控制系统的功能

汽油蒸发排放控制系统的功能是收集汽油箱内的汽油蒸气，并将汽油蒸气适时导入气缸进行燃烧，从而防止汽油蒸气直接排入大气而造成污染。汽油蒸发排放控制系统还能够根据发动机的工况，控制导入气缸参加燃烧的汽油蒸气量。

2. 汽油蒸发排放控制系统的基本构成

B12 发动机汽油蒸发排放控制系统的基本构成如图 5-12 所示，它由蒸气放出阀、活性炭罐、炭罐清洗电磁阀和 ECU 等组成。

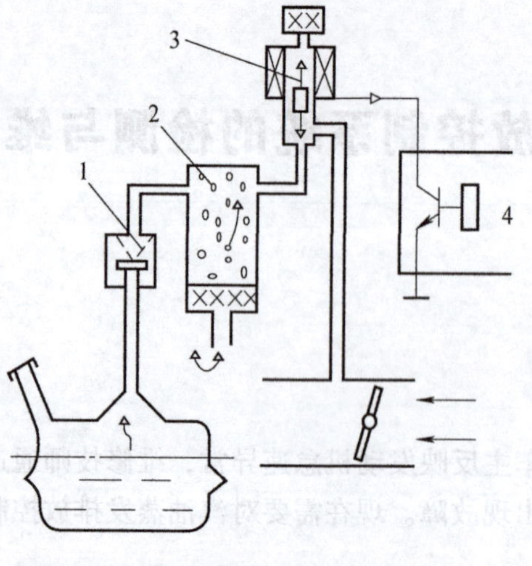

图 5-12　汽油蒸发排放控制系统的基本构成

1—蒸气放出阀　2—活性炭罐　3—炭罐清洗电磁阀　4—ECU

3. 汽油蒸发排放控制系统的工作原理与电路分析

五菱宏光 B12 发动机汽油蒸发排放控制系统的工作原理是：当汽油蒸发排放控制系统进入工作状态时，炭罐清洗电磁阀通电打开，发动机真空装置将新鲜空气吸进活性炭罐，然后新鲜空气与吸附在活性炭上的汽油蒸气一起进入进气歧管，油气的混合物进入燃烧室并在发动机正常运行时燃烧。图 5-13 为炭罐清洗电磁阀电路图。

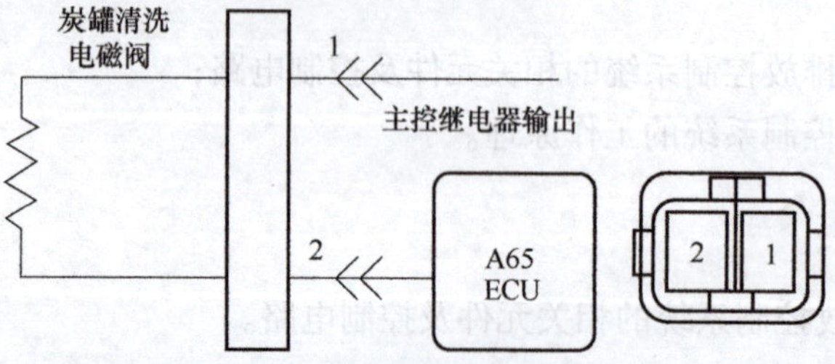

图 5-13　炭罐清洗电磁阀电路图

4. 汽油蒸发排放控制系统进入工作状态的条件

1）燃油控制模式为闭环控制；

2）冷却液温度在 40℃以上；

3）节气门开度在非怠速状态（>10.9%）；

4）车速 >0km/h；

5）发动机为非减速状态；

6）蓄电池电压为 9～16V。

二、汽油蒸发排放控制系统的常见故障及检测方法

1. 汽油蒸发排放控制系统的常见故障

1）汽油蒸发排放控制系统真空管长久使用后会出现裂纹而漏气；

2）蒸气管路堵塞或炭罐清洗电磁阀卡住打不开；

3）炭罐清洗电磁阀卡住而常开；

4）活性炭硬化失效，汽油蒸气不能沾附。

2. 汽油蒸发排放控制系统的一般检测方法

汽油蒸气排放控制系统有故障时，将会引起发动机排放超标、怠速不良、加速不良等现象。

1）就车检查。就车检查主要是通过活性炭罐上的真空情况来检查，检查管路有无破损、漏气，炭罐壳体有无裂纹等。

发动机怠速运转时，拔下活性炭罐上的真空软管，检查真空软管内应无真空吸力。如果此时真空软管内有真空吸力，再用万用表检查炭罐电磁阀的端子电压，若有电压，说明ECU存在故障；若无电压，则说明炭罐电磁阀卡滞在开启位置，应更换清污电磁阀。

踩下加速踏板，使发动机转速上升到2000r/min以上，检查真空软管内应有真空吸力。若无真空吸力，且炭罐电磁阀线束插接器上电压正常，说明电磁阀存在故障；若电压异常，说明ECU或控制线路存在故障。

2）单件检查。拆下活性炭罐电磁阀，向电磁阀内吸气检查，电磁阀应不通气；然后将12V蓄电池电压施加到电磁阀插接器两接线端子上，同时向电磁阀内吸气，这时电磁阀应通气。电磁阀两端子间电阻应为35~45Ω，否则应更换电磁阀。

【信息收集】

一、现场感受任务描述中的情景，把观察到的现象用几个关键词写出来。

____

____

____

____

二、明确工作任务，收集信息

1. 我们的学习任务是什么？汽油蒸发排放控制系统的作用是什么？汽油蒸发排放控制系统工作原理是什么？

1）学习任务：

____

____

____

2）汽油蒸发排放控制系统的作用：

____

____

____

3）汽油蒸发排放控制系统的工作原理：

____

____

____

2. 在下图中标出汽油蒸发排放控制系统的组成部件。

1 ________________

2 ________________

3 ________________

4 ________________

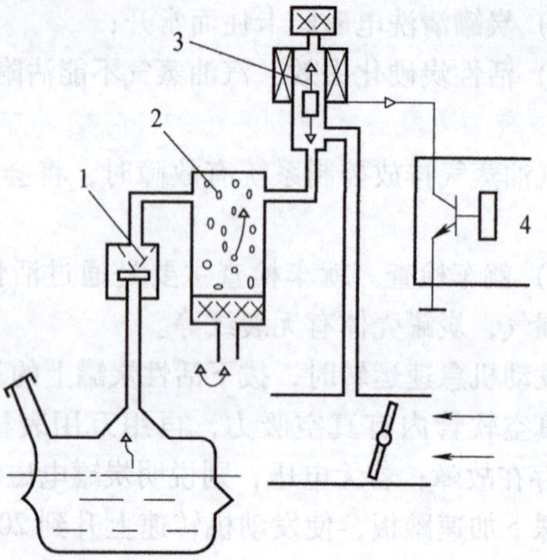

根据现场车辆指明汽油蒸气吸收控制系统的主要组成部件。

____

3. 绘制 B12 发动机汽油蒸发排放控制系统炭罐电磁阀电路图，写出其检测方法。

1）绘制 B12 发动机汽油蒸发排放控制系统炭罐电磁阀电路图：

2）B12 发动机汽油蒸发排放控制系统检测方法：

____

____

____

____

____

4. 对照自己所绘制的 B12 发动机汽油蒸发排放控制系统炭罐电磁阀电路图，在车辆上找到相对应元件或线路的具体位置，并完成下列填空。

1）画出炭罐电磁阀的端子图：

绘制炭罐电磁阀端子图

2）炭罐电磁阀1号端子是电磁线圈的电源端，它来自主继电器的______号端子，连接线的颜色是________。

3）炭罐电磁阀2号端子是电磁线圈的控制回路端，它进入ECU的______号端子，连接线的颜色是________。

5. 结合下列引导性的步骤，完成活性炭罐电磁阀的检测。

1）活性炭罐电磁阀电磁线圈电源线的检测：拔下活性炭罐电磁阀插接器，接通点火开关，把万用表旋到20V档，万用表红表笔接触1号端子，黑表笔搭铁，此时万用表显示的电压应该为蓄电池电压，实际显示电压值为______V。如果此时测量到的电压不符合规定值，应进一步检测活性炭罐电磁线圈电源线的通断情况或者是检查________输出端的电压值。

2）活性炭罐电磁阀电磁线圈控制线的检测：拔下活性炭罐电磁阀插接器，断开蓄电池负极，断开ECU插接器，测量活性炭罐电磁阀2号端子与ECU65号端子之间的电阻值，此时万用表显示的电阻值应接近于0Ω，实际显示______Ω。如果此时万用表显示数值为无穷大，说明活性炭罐电磁线圈控制线______，应把它连接好。

3）活性炭罐电磁阀电磁线圈电阻值的检测：拔下活性炭罐电磁阀插接器，把万用表旋到200Ω电阻档，两表笔分别接触活性炭罐电磁阀的“1”“2”号端子，此时万用表显示的电阻值应为35～45Ω，实际显示______Ω。如果显示的电阻值不符合规定，应更换活性炭罐电磁阀。

【制订计划】

一、根据活性炭罐电磁阀电路图，列举活性炭罐电磁阀的故障原因。

二、请以小组讨论的方式，制订合理的活性炭罐电磁阀故障检修流程（用“①、②、③…”在上述列举出的故障原因中按顺序编号即可）。

三、在下表中选择在检修中可能用到的工量具（在对应的选项中打√即可）。

工量具名称	选　择	
万用表	□可能	□不可能
测试灯	□可能	□不可能
尖嘴钳	□可能	□不可能
跨接线	□可能	□不可能
十字螺钉旋具	□可能	□不可能
一字螺钉旋具	□可能	□不可能
手电筒	□可能	□不可能
诊断仪	□可能	□不可能
其他（请填写具体名称）		

四、要完成本工作任务，你认为下表中哪些事项是必须要遵守的？在相应的位置打√。

注意事项	选　择	
工量具整齐摆放不搁地	□是	□否
“零件、油、水”不落地	□是	□否
跨接线测试时，谨防短路现象	□是	□否
万用表校零	□是	□否
及时记录维修工作数据	□是	□否
维修工作完成后需要进行工作现场“6S”管理	□是	□否
其他		

五、任务分工，在任务分工表中填写相应职责人员的姓名。

任务分工表

序　号	组　长	记　录　员	操　作　员	备　注
1				
2				
3				
4				

【实施计划】

一、确认故障现象：

起动发动机，观察发动机的故障现象，在下列描述中选择最恰当的划“√”。

□发动机低速“游车”

□发动机高速“游车”

二、目视检查汽油蒸发排放控制系统：

检查项目	检查结果
管路是否有泄漏	
管路与接头连接是否良好	
软管是否有裂纹	
软管连接是否良好	
衬垫是否有损坏	
活性炭罐是否有开裂、损坏	
燃油箱是否有泄漏、变形、开裂	
加油口盖是否变形、损坏	

三、就车检查活性炭罐电磁阀真空度

怠速时有无真空：________（有或无），说明活性炭罐电磁阀是______（好或坏）。

加速时有无真空：________（有或无），说明活性炭罐电磁阀是______（好或坏）。

四、检查活性炭罐电磁阀：

序号	检测部位	检测数据	结果判断
1	蓄电池电压		
2	电磁阀电源线（测量电压）		
3	电磁阀电源线（端对端测阻值）		
4	电磁阀控制线（端对端测阻值）		
5	电磁阀电阻值		
6	ECU		

五、根据上述的所有检测结果，确定故障内容并完成下列表格的填写。

1. 确定的故障部位是：

元件损坏	1)
	2)
	3)
线路故障	1)
	2)
	3)
其他（请详细写明）	1)
	2)
	3)

2. 故障点的排除处理说明（在下列选项中打√即可）:

故障点		故障点处理方法		
序　号	故障名称			
故障1		□更换	□维修	□调整
故障2		□更换	□维修	□调整
故障3		□更换	□维修	□调整
故障4		□更换	□维修	□调整

【检查与考评】

观察员根据操作员的工作过程评分，具体评分细则见下表。

汽油蒸发排放控制系统的检测与维修操作考评表

序号	项　目	考核内容	配分	扣分	得分
1	仪容仪表	着装、表情态度	5		
2	学习态度	学习准备、课堂参与度	10		
3	6S 规程	遵守安全操作规程，工量具仪器不落地，物品摆放整齐	10		
4	检测方案	方案正确、实用、有效	15		
5	测量方法	方法正确得当、测量数据准确	25		
6	测量结果	能排除故障	25		
7	安全生产	无人身和设备安全事故发生	10		
		总分	100		

评分人：　　　　日期：　　年　月　日

【评价反馈】

一、自我评价：

我做得好的地方	我还存在这些方面的问题
口测量部位准确	口动作不到位
口工具使用规范	口工具使用不规范
口拆装步骤熟悉	口拆装步骤不熟悉
口检测步骤熟悉	口检测步骤不熟悉
口零件摆放整齐	口工具摆放不整齐
口操作用时合理	口操作用时过长
口工作态度端正	口工作态度不够端正

二、小组评价：

我们组做到了：□全员参与　　□分工明确

□工作高效　　□完成了工作任务

三、教师评价：

评价内容	评价指标	星级评定（在相应的等级打√）
1. 活动态度方面	1）态度是否积极，是否主动组织或参与活动 2）与小组同学合作是否良好 3）活动是否认真、善始善终 4）是否勇于克服困难	□一级：☆☆☆☆☆ □二级：☆☆☆☆ □三级：☆☆☆ □四级：☆☆
2. 知识技能方面	1）查阅资料技能 2）实地观察记录能力 3）调查研究能力 4）整理材料能力	□一级：☆☆☆☆☆ □二级：☆☆☆☆ □三级：☆☆☆ □四级：☆☆

【知识巩固】

判断题

1. 活性炭罐电磁阀受 ECU 控制，在各种工况下都开启。（　　）
2. 燃油蒸气是靠进气管的真空吸力被吸附到活性炭罐里的。（　　）
3. 汽车中等速度行驶时，活性炭罐电磁阀开启。（　　）
4. 汽油蒸发排放控制系统的一般检测方法有就车检查和单件检查两种。（　　）

参考文献

[1] 覃雨亮. 汽车电控发动机检测与维修工作页 [M]. 北京：现代教育出版社，2014.
[2] 覃雨亮. 汽车维修工综合技能训练 [M]. 天津：天津科学技术出版社，2017.
[3] 韦宏明，刘贤金. 汽车检测与诊断技术 [M]. 北京：北京出版社，2015.